计量经济分析与EViews详解

李　娅　李志鹏　编著

本书是云南大学研究生院"精品课程"建设项目成果
并得到其资助出版

科学出版社

北　京

内 容 简 介

　　本书系统介绍计量经济学的基本理论和常用方法,以经典线性回归模型为主,并引入时间序列和平行数据计量经济学模型,坚持循序渐进,理论联系实际的原则,以各种丰富易懂的例证全面介绍了计量经济学的各种常用回归模型的分析及检验。本书运用 EViews 软件,结合实例分析"无缝式"地展示 EViews 的操作过程,突出计量分析方法应用和 EViews 操作的有机结合,使读者对计量方法的应用与软件的操作有一个全面的了解。

　　本书可作为本科生及研究生的自学和教学用书,也可作为在经济、统计、金融等领域从事计量分析的工作人员的参考书使用。

图书在版编目(CIP)数据

　　计量经济分析与 EViews 详解/李娅, 李志鹏编著. —北京:科学出版社, 2017

　　ISBN 977-7-03-050149-3

　　Ⅰ. ①计⋯　Ⅱ. ①李⋯ ②李⋯　Ⅲ. ①计量经济学–应用软件
Ⅳ. ①F224.0-39

　　中国版本图书馆 CIP 数据核字(2016)第 237284 号

责任编辑:兰　鹏/责任校对:杜子昂
责任印制:徐晓晨/封面设计:蓝正设计

科 学 出 版 社 出版
北京东黄城根北街 16 号
邮政编码:100717
http://www.sciencep.com

北京建宏印刷有限公司 印刷
科学出版社发行　各地新华书店经销
＊

2017 年 2 月第　一　版　开本:787×1092　1/16
2017 年 7 月第二次印刷　印张:12 1/4
字数:290 000

定价:42.00 元
(如有印装质量问题,我社负责调换)

前　言

本书是在作者教授的计量经济学教案的基础上编著而形成的。"计量经济学"是一门既难学也难教的课程，如何真正让学生"学懂"并"会用"是作者在教学实践中一直思考的问题。在教学过程中，作者使用过许多国内外经典的教材作为教学用书或参考书，意在取长补短，博采众长，并尝试用最通俗易懂的"讲故事"的方法把计量经济学这门课呈现给学生。多年的教学实践使作者深刻地体会到，要教好计量经济学，最重要的就是要"因人施教"，即明确教学对象、教学目的和教学指导原则。当前，经济学、管理学专业研究生和非计量经济学专业博士研究生学习现代计量经济学的目的是"应用"，而非从事计量经济学理论方法研究。因此，本书在编写过程中始终把应用性和实用性放在首位，着重强调"正确进行经济计量分析"的指导思想。在数学描述方面适当淡化，在详细介绍线性回归模型的数学过程的基础上，各章的重点不是理论方法的数学推导与证明，而是以讲清楚方法、思路为目标，重点放在如何运用各计量经济方法对实际的经济问题进行分析、建模、预测等实际方法的应用和操作上。本书结合 EViews 应用软件，通过系统地讲述应用经济计量分析的相关知识，全面而简洁地介绍了经济计量分析的主要理论和方法，实现经济计量理论与软件的一体化，前后贯通，层次清晰，力求简洁，通俗易懂。

之所以选择 EViews 作为本书的配套教学软件，也是基于对教学对象实施"因人施教"的指导思想。EViews 具有操作简便、界面友好、功能强大等特点，其使用图形交互式用户界面，界面友好且操作简单，可以通过菜单操作和编程两种方式进行分析，使初、中级计量经济学学生较容易地掌握并付诸实践。EViews 提供了与多种应用软件的接口，用户可以方便地把 Excel、SAS、Stata、SPSS 等格式的数据导入 EViews。EViews 拥有统计分析、线性回归分析、非线性单方程模型、联立方程模型、动态回归模型、分布滞后模型、VAR 模型、ARCH/GARCH 模型、离散选择模型、时间序列模型、编程与模拟等分析模块，用户通过 EViews 既可以进行基本的统计和回归分析，也可以完成复杂的计量经济建模。计量经济学是一门实践性要求非常高的课程，对软件的掌握熟练程度的要求非常高，一直强调学生要"干中学"，在实际的数据分析运用中能够切实地解决问题。作者在教学中发现，尽管目前关于计量经济学和 EViews 运用的教材和著作比较多，但是将两者结合起来，尤其是对 EViews 进行"无死角"展示的并不多见，多数教材仅仅就 EViews 的主要步骤进行了展示，对一些中间环节的遗漏造成了学生在实际运用中的知识盲点和运用障碍。本书针对每一个案例对 EViews 的操作进行完整的"无缝"展示，在实际教学中效果极佳，尤其是对于计量经济学零基础的学生和初学者，具有非常好的教学效果。

本书在编写过程中参阅了大量国外有关计量经济学的教材和文献，书中部分案例引自古扎拉蒂、伍德里奇、格林等编著的国外经典教材实例的例题，目的是通过对国外资料的分析使读者对国外教材有所涉猎，做到与国外教材同步和接轨。同时，本书在编写过程中吸收了一些国内学者的研究成果，在此一并表示感谢。由于作者水平有限，书中难免存在不妥之处，恳请广大读者批评指正。

作 者

2016 年 10 月

目　　录

第一章 知识准备

本章一句话提示：理解随机干扰项在计量经济学中的重要地位和作用！

一、回归分析

"回归"一词最早来源于"加尔顿普遍回归定律"。加尔顿发现在人口身高的统计中表现出一般规律是：父母高，儿女也高；父母矮，儿女也矮。但是，给定父母的身高，儿女辈的平均身高却趋向于全体人口的平均身高，或者说，是"回归"到全体人口的平均身高。计量经济学的回归分析就是关于研究因变量（被解释变量）与一个或多个自变量（解释变量）之间的因果关系的计算方法和理论。其目的在于通过解释变量（在重复抽样中）的已知或设定值，去估计和预测被解释变量的（总体）均值。

变量间的统计相关关系可以通过相关分析与回归分析来研究。表 1-1 对相关分析和回归分析进行辨析。

表 1-1　相关分析和回归分析

相关分析	回归分析
相关分析主要研究随机变量间的相关形式与相关程度。从变量间相关的形式来看，有线性相关和非线性相关之分。前者往往表现为变量的散点图接近于一条直线。变量间线性相关程度的大小可以通过相关系数来测量，两变量 X 与 Y 之间的总体相关系数为 $$\rho_{XY} = \frac{\text{Cov}(X,Y)}{\sqrt{\text{Var}(X)}\sqrt{\text{Var}(Y)}}$$ 式中，$\text{Cov}(X,Y)$ 是变量 X 和 Y 的协方差，$\text{Var}(X)$、$\text{Var}(Y)$ 分别是 X 和 Y 的方差。	计量经济学的回归分析就是关于变量之间的因果关系的计算方法和理论。其目的在于通过解释变量（在重复抽样中）的已知或设定值，去估计和预测被解释变量的（总体）均值。

回归分析构成计量经济学的方法论基础，其主要内容包括如下三方面。

（1）根据样本观察值对计量经济学模型参数进行估计，求得回归方程。

（2）对回归方程、参数估计值进行显著性检验。

（3）利用回归方程分析、评价及预测。

二、回归模型

（一）总体回归模型

以不同家庭收入 x_i 和不同消费支出 y_i 为例，两者之间的关系可以表示为

$$y_i = \beta_0 + \beta_1 x_i + u_i$$

式中，y_i 为被解释变量（因变量）；x_i 为解释变量（自变量）；β_0 为常数项（截距项，通常未知）；β_1 为回归系数（通常未知）；u_i 为随机干扰项，也称为随机误差项、随机扰动项。

（二）两分法

为了便于理解，本书运用两分法的思想，将总体回归模型分为两个部分。

（1）$E(y_i) = \beta_0 + \beta_1 x_i$（也称作线性总体回归函数）：对应着计量经济学学习中的一个重要内容"参数估计"。

（2）随机部分 u_i：对应着计量经济学学习中的另一个重要内容"假设检验"。与精确的函数关系相比，回归模型的显著特点是多了随机干扰项（随机误差项），计量经济学很多重要而玄妙之处就在于此随机扰动项，这是计量经济学的学习重点。

（三）样本回归模型

总体回归模型揭示了所考察总体被解释变量与解释变量间的平均变化规律，但现实的情况往往是总体回归函数实际上是未知的。一般的做法是从总体样本中取其中的一部分（抽样），通过样本的信息来估计总体回归函数。

样本回归模型形式记为

$$y_i = \hat{\beta}_0 + \hat{\beta}_1 x_i + e_i$$

式中，e_i 称为样本残差项，代表了其他影响 Y 的随机因素的集合，可以看作 u_i 的估计量 $\hat{u}_i$。$\hat{y}_i = \hat{\beta}_0 + \hat{\beta}_1 x_i$，也称为样本回归函数。

回归分析的主要目的，就是根据样本回归函数，估计总体回归函数。

辨析：总体回归模型、总体回归函数（方程）、样本回归模型、样本回归函数（方程），如下所示。

（1）总体回归模型：$y_i = \beta_0 + \beta_1 x_i + u_i$。

（2）总体回归方程：$E(y_i) = \beta_0 + \beta_1 x_i$。

（3）样本回归模型：$y_i = \hat{\beta}_0 + \hat{\beta}_1 x_i + e_i$。

（4）样本回归方程：$\hat{y}_i = \hat{\beta}_0 + \hat{\beta}_1 x_i$。

总体回归方程与样本回归方程、随机干扰项和残差之间的关系如图 1-1 所示。

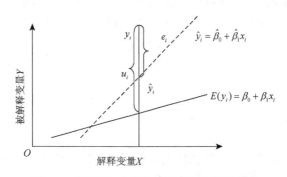

图 1-1　总体回归方程与样本回归方程关系图

三、一元线性回归模型

（一）一元线性回归模型的模型形式

一元线性回归模型是最简单的计量经济学模型，在模型中只有一个解释变量，其一般形式是

$$Y = \beta_0 + \beta_1 X + u \tag{1-1}$$

式中，Y 为被解释变量；X 为解释变量；β_0 与 β_1 为待估参数；u 为随机干扰项。在有 n 个样本观测点的情况下，式（1-1）也可以写为

$$y_i = \beta_0 + \beta_1 x_i + u_i, \quad i = 1, 2, \cdots, n \tag{1-2}$$

（二）古典线性回归模型的基本假设

为确保参数估计量具有良好的性质，通常对线性回归模型提出若干基本假设，也称为高斯-马尔可夫假设。按照假设对象的不同，可以分为三个大方面。

（1）关于回归模型本身的假定：回归模型是正确设定的。

假定：真实模型是

$$Y = \beta_0 + \beta_1 X + u \tag{1-3}$$

有三种情况属于对该假定的违背，如下所示。

1）遗漏了相关的解释变量或者增加了无关的解释变量；

2）Y 与 X 间的关系是非线性的；

3）β_0、β_1 并不是常数。

（2）关于解释变量 X 的假定。

假定 1：X 是非随机的，即 X 的值是事先固定的。

假定 2：u 和 X 相互独立，即 $\text{Cov}(x_i, u_i) = 0$，否则分不清 Y 的变化是由 X 引起的，还是由 u 引起的。在重复抽样中，$(x_1, x_2, \cdots, x_N)$ 被预先固定下来，即是非随机的，显然，如果解释变量含有随机的测量误差，那么该假定被违背。

假定 3：对于多元回归模型，假设多个解释变量之间不存在完全共线性。

（3）关于随机干扰项 u 的假定，也称为"古典模型假设的球形扰动"。

假定 1：随机误差项 u_i（$i = 1, 2, 3, \cdots, n$），是 n 个随机变量，数学期望为零，即 $E(u_i) = 0$。在模型中，如果能够保证 u_i 中所包含的都是影响 y_i 的微小因素，那么在众多微小因素的作用下，假定就是合理的。

假定 2：随机误差项的 u_i 方差与 i 无关，为一个常数，$\text{Var}(u_i) = \sigma^2$，称 u_i 具有同方差性。这一假定的含义是对于任意 u_i，其分布的方差都是一个常量。反之，称其具有异方差性。

假定 3：假定不同的随机误差项 u_i 和 u_j 之间相互独立。$\text{Cov}(u_i, u_j) = 0$，即所谓的序列不相关假定。

假定 4：u_i 为服从正态分布的随机变量，$u_i \sim N(0, \sigma^2)$。

特别强调的是：对于线性回归模型，如果扰动项不服从正态分布，就无法使用小样本普通最小二乘（ordinary least square，OLS）法进行统计推断。对于很多估计方法，如极大似然估计（maximum likelihood estimate，MLE），正态分布假定是推导 MLE 的前提。

当以上假定成立时，在所有线性无偏估计量中，OLS 估计量方差最小。或者说，OLS 估计量是最优线性无偏估计量（best linear unbiased estimator，BLUE）。这被称为高斯-马尔可夫定理。

说明：以上线性回归模型的经典假设是一种理想状态，这些假定同时成立的情况几乎是不可能的。因此：如何检验这些假定是否成立？如果一些假定并不成立，那么 OLS 估计量具有什么性质？此时应该采取何种估计方法进行修正？解决以上问题就构成了初级计量经济学的主要内容。

（三）一元线性回归模型的参数估计

一元线性回归模型的参数估计，是在一组样本观测值下，通过一定的参数估计方法，估计出模型中的未知参数，即估计样本回归线。常见的估计方法有三种：OLS 估计法及其扩展、MLE 法和广义矩估计法（generalized method of moments，GMM）。

（四）一元线性回归模型的统计检验

在利用 OLS 法估计了一元线性回归模型的参数，并确定了样本回归线后，要根据经济理论及实际问题中 X 和 Y 的对应关系，对回归系数的符号、大小及相互关系进行直观判断；如果上述检验通过，还需对参数估计值进行统计学检验，主要包括拟合优度检验、变量的显著性检验以及参数检验的置信区间估计；另外，还要进行计量经济学检验，包括对随机误差项 u_i 的异方差、序列相关检验，对解释变量的严重多重共线性的检验等，将在后面章节中一一介绍。

四、多元线性回归模型

（一）多元线性回归模型的模型形式

多元线性回归模型可以表示为

$$y_i = \beta_0 + \beta_1 x_{i1} + \beta_2 x_{i2} + \cdots + \beta_k x_{ik} + u_i, \quad i = 1, 2, \cdots, n \tag{1-4}$$

这里 $E(y_i) = \beta_0 + \beta_1 x_{i1} + \beta_2 x_{i2} + \cdots + \beta_k x_{ik}$ 为总体多元线性回归方程，简称总体回归方程。其中，k 表示解释变量个数，β_0 称为截距项，$\beta_1 \beta_2 \cdots \beta_k$ 是总体回归系数。$\beta_i (i = 1, 2, 3, \cdots, k)$ 表示在其他自变量保持不变的情况下，自变量 x_{ij} 变动一个单位所引起的因变量 y_i 平均变动的数量，因而也称为偏回归系数。

当给定一个样本 $(y_i, x_{i1}, x_{i2}, \cdots, x_{ik}), (i = 1, 2, \cdots, n)$ 时，上述模型可以表示为

$$\begin{cases} y_1 = \beta_0 + \beta_1 x_{11} + \beta_2 x_{12} + \cdots + \beta_k x_{1k} + u_1 \\ y_2 = \beta_0 + \beta_1 x_{21} + \beta_2 x_{22} + \cdots + \beta_k x_{2k} + u_2 \\ y_3 = \beta_0 + \beta_1 x_{31} + \beta_2 x_{32} + \cdots + \beta_k x_{3k} + u_3 \\ \qquad\qquad\qquad\qquad\vdots \\ y_n = \beta_0 + \beta_1 x_{n1} + \beta_2 x_{n2} + \cdots + \beta_k x_{nk} + u_n \end{cases} \tag{1-5}$$

y_i 与 x_{ij} 已知，β_i 与 u_i 未知。

其相应的矩阵表达式为

$$\begin{bmatrix} y_1 \\ y_2 \\ y_3 \\ \vdots \\ y_n \end{bmatrix}_{(n\times1)} = \begin{bmatrix} 1 & x_{11} \cdots x_{1j} \cdots x_{1k} \\ 1 & x_{21} \cdots x_{2j} \cdots x_{2k} \\ 1 & x_{31} \cdots x_{3j} \cdots x_{3k} \\ 1 & x_{n1} \cdots x_{nj} \cdots x_{nk} \end{bmatrix}_{(n\times k)} \begin{bmatrix} \beta_0 \\ \beta_1 \\ \beta_2 \\ \vdots \\ \beta_k \end{bmatrix}_{(k\times1)} + \begin{bmatrix} u_1 \\ u_2 \\ u_3 \\ \vdots \\ u_n \end{bmatrix}_{(n\times1)} \tag{1-6}$$

可以简化为总体回归模型的简化形式：

$$Y = X\beta + u \tag{1-7}$$

（二）多元线性回归模型中样本容量的问题

1. 最小样本容量

在多元线性回归模型中，样本容量必须不少于模型中解释变量的数目（包括常数项），这就是最小样本容量，即 $n \geqslant k+1$。

2. 满足基本要求的样本容量

一般经验认为，当 $n \geqslant 30$ 或者至少 $n \geqslant 3(k+1)$ 时，才能说满足模型估计的基本要求。

五、随机干扰项

通过以上一元回归模型和多元回归模型的形式设定可以发现：与精确的函数关系相比，回归模型的显著特点是多了随机干扰项（随机误差项）。本书要强调的一个观点就是，这个被形容为"黑匣子"的"包罗万象"的随机干扰项是现代计量经济学研究的主要内容，几乎撑起了计量经济学学习的"半壁江山"。无论是经典的计量经济学还是非经典的计量经济学，很多理论和方法就是从对随机干扰项的设定开始的。理解了这一点，才能真正理解计量经济学这门学科的内涵。本书将在后续的章节中对随机干扰项进行展开分析。

第二章 线性回归模型和 OLS

> 本章一句话提示：学会如何在"一堆点里找一条线"！

一、问题的提出

凯恩斯消费理论指出：边际消费倾向（marginal propensity to consume，MPC），即收入每变化一个单位的消费变化率，大于零而小于 1，0＜MPC＜1。凯恩斯假设了消费与收入之间有正的关系，但没有明确指出两者之间的准确的函数关系。

运用中国 1985～2003 年的经济数据，测算出中国 1985～2003 年的 MPC 约为 0.46，表明在此样本期间，收入每增加一元，平均而言，消费支出将增加 0.46 元。

由此提出的问题是：0.46 是如何测算出来的？它是否合理？

为了弄清楚这个问题，需要从如何收集数据开始，模型的设定、参数的估计和检验等一系列过程的实现，就是计量经济学最基础的任务。

二、解决问题的思路

凯恩斯设定消费与收入之间有正的关系，建设两者之间的函数关系为如下数学模型：

$$Y = \beta_0 + \beta_1 X, \quad 0 < \beta_1 < 1 \tag{2-1}$$

式中，Y 为消费支出（因变量）；X 为收入（自变量）；而被称为模型参数的 β_0 和 β_1 分别是截距和斜率系数。β_1 是 MPC 的度量。推广到更一般的形式，可描述如下。

假定 Y 与 X 具有近似的线性关系：

$$Y = \beta_0 + \beta_1 X + \varepsilon$$

式中，ε 是随机误差项。对 β_0、β_1 这两个参数的值一无所知，任务是利用样本数据去猜测 β_0、β_1 的取值。

为了估计得到参数 β_0 和 β_1 的数值，收集了中国经济数据，Y 是消费支出，X 是国内生产总值（gross domestic product，GDP），均以亿元为单位计算。画出这些观察值的散点图（横轴 X，纵轴 Y），如图 2-1 所示。

从图 2-1 散点图可以看出，消费支出 Y 与收入 X 具有近似的线性关系，那么就在图中拟合一条直线：$\hat{Y} = \hat{\beta}_0 + \hat{\beta}_1 X$，该直线是对 Y 与 X 的真实关系的近似。接下来的问题是，如何确定 $\hat{\beta}_0$ 与 $\hat{\beta}_1$，以使图形中的实线最大程度地代表中国 1985～2003 年消费和收入的关系？也就是如何在一堆点里面找到一条能够刻画出其分布规律的线？在一堆样本点中，找这条"线"的方法就是 OLS 法，其基本思路如图 2-2 所示。

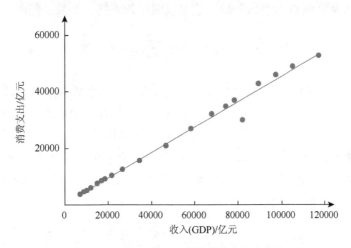

图 2-1　1985～2003 年中国消费支出与收入

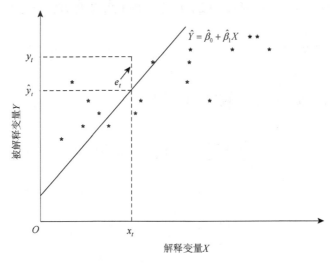

图 2-2　OLS 估计思路图示

三、解决问题的方法——OLS 估计

（一）OLS 估计思路

　　本书的目标：使拟合出来的直线在某种意义上是最佳的，包括线形、位置。
　　直观意义：要求估计直线尽可能地靠近各观测点，这意味着应使残差总体上尽可能地小。
　　方法：要做到这一点，就必须用某种方法将每个点相应的残差加在一起，使其达到最小。

理想的测度：残差平方和，即 $(y_1, y_2, \cdots, y_N)'$ 与 $(\hat{y}_1, \hat{y}_2, \cdots, \hat{y}_N)'$ 是 N 维空间的两点，$\hat{\beta}_0$ 与 $\hat{\beta}_1$ 的选择应该是这两点的距离最短。这可以归结为求解一个数学问题：

$$\mathop{\text{Min}}_{\hat{\beta}_0, \hat{\beta}_1} \sum_{i=1}^{N} (y_i - \hat{y}_i)^2 = \mathop{\text{Min}}_{\hat{\beta}_0, \hat{\beta}_1} \sum_{i=1}^{N} (y_i - \hat{\beta}_0 - \hat{\beta}_1 x_i)^2 \tag{2-2}$$

由于 $y_i - \hat{y}_i$ 是残差的定义，因此上述获得 $\hat{\beta}_0$ 与 $\hat{\beta}_1$ 的方法即是 $\hat{\beta}_0$ 与 $\hat{\beta}_1$ 的值应该使残差平方和最小。也就是说，给定 x_i，看起来 y_i 与 $\hat{y}_i$ 越近越好（最近距离是 0）。然而，当选择拟合直线使得 y_i 与 $\hat{y}_i$ 相当近的时候，y_j 与 $\hat{y}_j$ 的距离也许变远了，因此存在一个权衡。一种简单的权衡方式是，给定 $x_1, x_2, \cdots, x_N$，拟合直线的选择应该使 y_1 与 $\hat{y}_1$、y_2 与 $\hat{y}_2$、$\cdots$、y_N 与 $\hat{y}_N$ 的距离的平均值是最小的。距离是一个绝对值，数学处理较为麻烦，因此，把第二种思考方法转化求解数学问题：

$$\mathop{\text{Min}}_{\hat{\beta}_0, \hat{\beta}_1} \sum_{i=1}^{N} (y_i - \hat{y}_i)^2 / N = \mathop{\text{Min}}_{\hat{\beta}_0, \hat{\beta}_1} \sum_{i=1}^{N} (y_i - \hat{\beta}_0 - \hat{\beta}_1 x_i)^2 / N \tag{2-3}$$

由于 N 为常数，式（2-2）和式（2-3）对于求解 $\hat{\beta}_0$ 与 $\hat{\beta}_1$ 的值是无差异的。

（二）OLS 估计式的推导

定义 $Q = \sum_{i=1}^{N} (y_i - \hat{\beta}_0 - \hat{\beta}_1 x_i)^2$，利用一阶条件，有

$$\frac{\partial Q}{\partial \hat{\beta}_0} = \sum_{i=1}^{N} 2(y_i - \hat{\beta}_0 - \hat{\beta}_1 x_i)(-1) = 0$$

则

$$\sum_{i=1}^{N} (y_i - \hat{\beta}_0 - \hat{\beta}_1 x_i) = 0 \tag{2-4}$$

可推出：

$$\sum_{i=1}^{N} \hat{\varepsilon}_i = 0 \tag{2-5}$$

由式（2-4）有

$$\bar{y} = \hat{\beta}_0 + \hat{\beta}_1 \bar{x}$$

式中，$\bar{y} = \frac{1}{N} \sum_{i=1}^{N} y_i$，$\bar{x} = \frac{1}{N} \sum_{i=1}^{N} x_i$。方程（2-4）与方程（2-5）被称为正规方程，把 $\hat{\beta}_0 = \bar{y} - \hat{\beta}_1 \bar{x}$ 代入方程（2-5），有

$$\sum_{i=1}^{N} [y_i - \bar{y} - \hat{\beta}_1 (x_i - \bar{x})] x_i = 0$$

则

$$\hat{\beta}_1 = \frac{\sum_{i=1}^{N}(y_i - \bar{y})x_i}{\sum_{i=1}^{N}(x_i - \bar{x})x_i} \qquad (2\text{-}6)$$

上述获得 $\hat{\beta}_0$、$\hat{\beta}_1$ 的方法就是 OLS 法。

四、一元线性回归模型的拓展——多元线性回归模型

推广到总体多元回归模型是

$$y_i = \beta_0 + \beta_1 x_{i1} + \beta_2 x_{i2} + \cdots + \beta_k x_{ik} + u_i, \quad i = 1, 2, \cdots, n \qquad (2\text{-}7)$$

即

$$\begin{cases} \sum_{i=1}^{n}(\hat{\beta}_0 + \hat{\beta}_1 x_{1i} + \hat{\beta}_2 x_{2i} + \cdots + \hat{\beta}_k x_{ki}) = \sum_{i=1}^{n} y_i \\ \sum_{i=1}^{n}(\hat{\beta}_0 + \hat{\beta}_1 x_{1i} + \hat{\beta}_2 x_{2i} + \cdots + \hat{\beta}_k x_{ki})x_{1i} = \sum_{i=1}^{n} y_i x_{1i} \\ \sum_{i=1}^{n}(\hat{\beta}_0 + \hat{\beta}_1 x_{1i} + \hat{\beta}_{2i} x_{2i} + \cdots + \hat{\beta}_k x_{ki})x_{2i} = \sum_{i=1}^{n} y_i x_{2i} \\ \qquad\qquad\qquad\qquad\vdots \\ \sum_{i=1}^{n}(\hat{\beta}_0 + \hat{\beta}_1 x_{1i} + \hat{\beta}_2 x_{2i} + \cdots + \hat{\beta}_k x_{ki})x_{ki} = \sum_{i=1}^{n} y_i x_{ki} \end{cases}$$

如果用矩阵来描述，首先定义下列向量与矩阵：

$$\begin{bmatrix} n & \sum_{i=1}^{n} x_{1i} & \cdots & \sum_{i=1}^{n} x_{ki} \\ \sum_{i=1}^{n} x_{1i} & \sum_{i=1}^{n} x_{1i}^2 & \cdots & \sum_{i=1}^{n} x_{1i}x_{ki} \\ \vdots & \vdots & & \vdots \\ \sum_{i=1}^{n} x_{ki} & \sum_{i=1}^{n} x_{ki}x_{1i} & \cdots & \sum_{i=1}^{n} x_{ki}^2 \end{bmatrix} \begin{bmatrix} \hat{\beta}_0 \\ \hat{\beta}_1 \\ \vdots \\ \hat{\beta}_k \end{bmatrix} = \begin{bmatrix} 1 & 1 & \cdots & 1 \\ x_{11} & x_{12} & \cdots & x_{1n} \\ \vdots & \vdots & & \vdots \\ x_{k1} & x_{k2} & \cdots & x_{kn} \end{bmatrix} \begin{bmatrix} y_1 \\ y_2 \\ \vdots \\ y_n \end{bmatrix} \qquad (2\text{-}8)$$

模型的矩阵表示：

$$(X'X)\hat{\beta} = X'Y \qquad (2\text{-}9)$$

求解最小化问题：$\underset{\hat{\beta}}{\mathrm{Min}}(Y - X\hat{\beta})'(Y - X\hat{\beta})$，有

$$\frac{\partial[(Y - X\hat{\beta})'(Y - X\hat{\beta})]}{\partial\hat{\beta}} = \frac{\partial[(Y' - \hat{\beta}'X')(Y - X\hat{\beta})]}{\partial\hat{\beta}}$$

$$= \frac{\partial[(Y'Y - Y'X\hat{\beta} - \hat{\beta}'X'Y + \hat{\beta}'X'X\hat{\beta})]}{\partial\hat{\beta}} = 0$$

而根据矩阵微分的知识，有

$$\frac{\partial(Y'Y)}{\partial\hat{\beta}} = 0, \quad \frac{\partial(Y'X\hat{\beta})}{\partial\hat{\beta}} = (Y'X)' = X'Y$$

$$\frac{\partial(\hat{\beta}'X'Y)}{\partial\hat{\beta}} = X'Y, \quad \frac{\partial(\hat{\beta}'X'X\hat{\beta})}{\partial\hat{\beta}} = X'X\hat{\beta} + (\hat{\beta}'X'X)' = 2X'X\hat{\beta}, \quad X'Y = X'X\hat{\beta}$$

则

$$\hat{\beta} = (X'X)^{-1}(X'Y)^{①} \tag{2-10}$$

这就是多元回归模型的 OLS 估计。

五、高斯-马尔可夫定理

当高斯-马尔可夫假定成立时，在所有线性无偏估计量中，OLS 估计量方差最小。或者说，OLS 估计量是最优线性无偏估计量。这被称为高斯-马尔可夫定理。

（一）OLS 估计量是线性估计量

所谓 OLS 估计量是线性估计量，是指它能够被表示为 y_i 的线性函数。例如：

$$\hat{\beta}_1 = \left[\frac{x_i - \overline{x}}{\sum_{i=1}^{n}(x_i - \overline{x})^2}\right] y_i = \sum_{i=1}^{n} k_i y_i \tag{2-11}$$

式中，k_i 是非随机的。

（二）OLS 估计量具有无偏性

$$E(\hat{\beta}_1) = \beta_1, \quad E(\hat{\beta}_0) = \beta_0$$

证明 $E(\hat{\beta}_1) = \beta_1$。

$$\hat{\beta}_1 = \sum_{i=1}^{n} k_i y_i = \sum_{i=1}^{n} k_i(\beta_0 + \beta_1 x_i + u_i) = \beta_0 \sum_{i=1}^{n} k_i + \beta_1 \sum_{i=1}^{n} k_i x_i + \sum_{i=1}^{n} k_i u_i$$

$$E(\hat{\beta}_1) = E\left(\beta_1 + \sum_{i=1}^{n} k_i u_i\right) = \beta_1 + \sum_{i=1}^{n} k_i E(u_i) = \beta_1$$

而 $\sum_{i=1}^{n} k_i = 0$，$\sum_{i=1}^{n} k_i x_i = 1$。因此在重要假定 $E(\varepsilon_i) = 0$ 下，有 $E(\hat{\beta}_1) = \beta_1$

$$E(\hat{\beta}_0) = E\left(\beta_0 + \sum_{i=1}^{n} w_i u_i\right) = E(\beta_0) + \sum_{i=1}^{n} w_i E(u_i) = \beta_0$$

---

① 为了保证 $(X'X)^{-1}$ 的存在，OLS 法假设 X 列满秩，即解释变量不是完全共线的。

（三）在所有线性无偏估计量中，OLS 估计量方差最小

1. 关于方差

$$\mathrm{Var}(\hat{\beta}_1) = \mathrm{Var}\left(\sum_{i=1}^{n} k_i y_i\right) = \sum_{i=1}^{n} k_i^2 \mathrm{Var}(\beta_0 + \beta_1 x_i + u_i) = \sum_{i=1}^{n} k_i^2 \mathrm{Var}(u_i)$$

$$= \sum_{i=1}^{n}\left(\frac{x_i}{\sum_{i=1}^{n} x_i^2}\right)^2 \sigma^2 = \frac{\sigma^2}{\sum_{i=1}^{n} x_i^2}$$

$$\mathrm{Var}(\hat{\beta}_0) = \mathrm{Var}\left(\sum_{i=1}^{n} w_i y_i\right) = \sum_{i=1}^{n} w_i^2 \mathrm{Var}(\beta_0 + \beta_1 x_i + u_i) = \sum_{i=1}^{n}(1/n - \overline{x}k_i)^2 \sigma^2$$

$$= \sum_{i=1}^{n}\left[\left(\frac{1}{n}\right)^2 - 2\frac{1}{n}\overline{x}k_i + \overline{x}^2 k_i^2\right]\sigma^2 = \left[\frac{1}{n} - \frac{2}{n}\overline{x}\sum_{i=1}^{n} k_i + \overline{x}^2 \sum_{i=1}^{n}\left(\frac{x_i}{\sum_{i=1}^{n} x_i^2}\right)^2\right]\sigma^2$$

$$= \left(\frac{1}{n} + \frac{\overline{x}^2}{\sum_{i=1}^{n} x_i^2}\right)\sigma^2 = \frac{\sum_{i=1}^{n} x_i^2 + n\overline{x}^2}{n\sum_{i=1}^{n} x_i^2}\sigma^2 = \frac{\sum_{i=1}^{n} x_i^2}{n\sum_{i=1}^{n} x_i^2}\sigma^2$$

2. 证明方差最小

已知道 OLS 估计量 $\hat{\beta}_1$ 是线性无偏估计量，即 $\hat{\beta}_1 = \sum_{i=1}^{n}\left[\dfrac{x_i - \overline{x}}{\sum_{i=1}^{n}(x_i - \overline{x})^2}\right] y_i = \sum_{i=1}^{n} k_i y_i$。假设 $\hat{\beta}_1^*$

是用其他估计方法得到的关于 β_1 的线性无偏估计量，设 $\hat{\beta}_1^* = \sum_{i=1}^{n} w_i y_i$，$E(\hat{\beta}_1^*) = \beta_1$。

由 $E(\hat{\beta}_1^*) = \beta_1$，得

$$E\left(\sum_{i=1}^{n} w_i, y_i\right) = \sum_{i=1}^{n} w_i E(y_i)$$

$$= \sum_{i=1}^{n} w_i(\beta_0 + \beta_1 x_i) = \beta_0 \sum_{i=1}^{n} w_i + \beta_1 \sum_{i=1}^{n} w_i x_i = \beta_1$$

因此：

$$\sum_{i=1}^{n} w_i = 0, \sum_{i=1}^{n} w_i x_i = 1$$

当然，$\sum_{i=1}^{n} k_i = 0, \sum_{i=1}^{n} k_i x_i = 1$ 也是成立的。

令 $w_i = k_i + d_i$，则必有

$$\sum_{i=1}^{n} d_i = 0, \sum_{i=1}^{n} d_i x_i = 0$$

而

$$\sum_{i=1}^{n} k_i d_i = \sum_{i=1}^{n}\left[\frac{x_i-\overline{x}}{\sum\limits_{i=1}^{n}(x_i-\overline{x})^2}\right]d_i = \frac{\sum\limits_{i=1}^{n}x_i d_i-\overline{x}\sum\limits_{i=1}^{n}d_i}{\sum\limits_{i=1}^{n}(x_i-\overline{x})^2} = 0$$

因此：

$$\mathrm{Var}(\hat{\beta}_1^*) = \sigma^2\left(\sum_{i=1}^{n} k_i^2+\sum_{i=1}^{n} d_i^2\right) \geqslant \sigma^2\sum_{i=1}^{n} k_i^2$$

所以：

$$\mathrm{Var}(\hat{\beta}_1^*) \geqslant \mathrm{Var}(\hat{\beta}_1)$$

六、假设检验

1. 假设检验的一般步骤

（1）建立原假设与备择假设：

$$H_0 : \beta_1 = \omega$$
$$H_1 : \beta_1 \neq \omega$$

（2）确定显著性水平 α 。

一般把 1%、5% 或者 10% 作为显著水平。

（3）考察统计量值 $\hat{\beta}_1/\mathrm{se}(\hat{\beta}_1)$ 是否落在拒绝域：

$$(-\infty,-z_{\alpha/2}]\bigcup[z_{\alpha/2},+\infty)$$

如果落在上述区间之内，那么在 α 显著水平上，拒绝原假设，接受备择假设；反之，不拒绝原假设，拒绝备择假设。

2. t 检验

检验单个系数是否为零，即单个解释变量是否对因变量有显著影响。在

$$H_0 : \beta_1 = 0$$
$$H_1 : \beta_1 \neq 0$$

下，此时的 t 统计量是 $\hat{\beta}_1/\mathrm{se}(\hat{\beta}_1)$ 。针对特定样本，计量软件一般会自动计算出对应于上述假设体系的 t 值。如果原假设被拒绝，那么就说 X 在某显著水平统计上是显著的；如果不能被拒绝，则就说 X 在某显著水平统计上是不显著的。应该注意：即使 $\hat{\beta}_1$ 的绝对值很小，所谓的变量 X 无经济显著性或者实际显著性（economic significance/practical significance），但在统计上，它可能显著地与 0 不同。

3. F 检验

t 检验关注的单个参数的取值问题，如果需要同时关注多个参数的取值问题，那么此时应该利用 F 检验。

对于模型：

$$y_i = \beta_0 + \beta_1 x_{i1} + \beta_2 x_{i2} + \cdots + \beta_k x_{ik} + u_i, \quad i = 1, 2, \cdots, n$$

中的参数 β_j 是否显著不为 0。

$$H_0: \quad \beta_0 = \beta_1 = \beta_2 = \cdots = \beta_k = 0$$

$$H_1: \quad \beta_j \text{不全为} 0$$

F 检验的思想来自于总离差平方和的分解式：

$$\mathrm{TSS} = \mathrm{ESS} + \mathrm{RSS}$$

由于回归平方和 $\mathrm{ESS} = \sum_{i=1}^{n} \hat{y}_i^2$ 是解释变量 X 的联合体对被解释变量 Y 的线性作用的结果，考虑比值：

$$\mathrm{ESS/RSS} = \sum_{i=1}^{n} \hat{y}_i^2 \left/ \sum_{i=1}^{n} e_i^2 \right.$$

若这个比值较大，则 X 的联合体对 Y 的解释程度高，可认为总体存在线性关系，反之总体上可能不存在线性关系。因此，可通过该比值的大小对总体线性关系进行推断。

定义 F 统计量：

$$F = \frac{\mathrm{ESS}/k}{\mathrm{RSS}/(n-k-1)}$$

在经典线性模型假定下及其原假设下，该统计量服从自由度为 $(k, n-k-1)$ 的 F 分布。特别要注意的是，单个变量显著并不意味着变量联合显著，反之亦然。

七、方差分解

因为样本值太多，分别考察每一个离差是不切实际的，又为了克服绝对值符号在计算上带来的不便，因此，常使用离差平方和来考察总离差。

被解释变量的总离差平方和 TSS：

$$\mathrm{TSS} = \sum_{i=1}^{n} (y_i - \bar{y})^2$$

可解释平方和（回归平方和）ESS：

$$\mathrm{ESS} = \sum_{i=1}^{n} (\hat{y}_i - \bar{y})^2$$

残差平方和 RSS：

$$\mathrm{RSS} = \sum_{i=1}^{n} (\hat{u}_i)^2$$

因此：

$$TSS = ESS + RSS$$

显然，ESS 在 TSS 的构成中所占比例越大，RSS 在 TSS 中所占的比例就越小，说明回归参数估计值的显著性越强，即样本回归线与真实回归线的拟合优度就越好。因此，可以用 ESS 在 TSS 中所占的比例表示样本回归线与总体回归线的拟合程度。

$$R^2 = \frac{ESS}{TSS} = \frac{\sum\limits_{i=1}^{n}(\hat{y}_i - \bar{y})^2}{\sum\limits_{i=1}^{n}(y_i - \bar{y})^2}$$

$$R^2 = 1 - \frac{RSS}{TSS}$$

因为：

$$0 \leqslant RSS \leqslant TSS, 0 \leqslant ESS \leqslant TSS$$

所以：

$$0 \leqslant R^2 \leqslant 1$$

在模型应用中发现，如果在模型中增加一个解释变量，R^2 往往会增大。这是因为残差平方和往往随着解释变量个数的增加而减少，至少不会增加。这就给人一个错觉：要使模型拟合得好，只要增加解释变量就可以了。但是，现实情况往往是，由增加解释变量个数引起的 R^2 的增大与拟合好坏无关，因此，在多元线性回归模型之间比较拟合优度，R^2 就不是一个合适的指标，必须加以调整。

在样本容量一定的情况下，增加解释变量必定使得自由度减少，所以调整的思路是将残差平方和与总离差平方和分别除以各自的自由度，以剔除变量个数对拟合优度的影响。

定义调整的多元可决系数，如下：

$$\bar{R}^2 = 1 - \frac{RSS/(n-k-1)}{TSS/(n-1)} = 1 - \frac{n-1}{n-k-1}(1-R^2)$$

当模型中增加一个自变量，如果 $RSS/(n-k-1)$ 变小，因而使 $\bar{R}^2$ 增大，便可认为这个自变量对因变量有显著影响，应该放入模型中，否则，应予抛弃。

在样本容量一定的情况下，$\bar{R}^2$ 具有如下性质。

（1）若 $k \geqslant 1$，则 $\bar{R}^2 \geqslant R^2$。

（2）$\bar{R}^2$ 可能出现负值。当 $T=10, k=2, R^2=0.1$ 时，$\bar{R}^2 = -0.157$。显然，负的拟合优度没有任何意义，在此情况下，取 $\bar{R}^2 = 0$。

在实际中，$\bar{R}^2$ 或 R^2 越大，模型拟合得就越好，但拟合优度不是评价模型优劣的唯一标准。因此，不能仅根据 $\bar{R}^2$ 或 R^2 的大小来选择模型。

为了比较所含解释变量个数不同的多元线性回归模型的拟合优度，常用的标准还有赤池信息准则（Akaike information criterion，AIC）和施瓦茨准则（Schwarz criterion，SC），其定义分别为

$$AIC = \ln\left(\frac{e'e}{n}\right) + \frac{2(k+1)}{n}$$

$$SC = \ln\left(\frac{e'e}{n}\right) + \frac{k}{n}\ln n$$

这两个准则均要求仅当所增加的解释变量能够减少 AIC 值或 SC 值时才能在原模型中增加该解释变量。显然，与调整的可决系数相仿，如果增加的解释变量没有解释能力，则对残差平方和 $e'e$ 的减小没有多大帮助，但增加了待估参数的个数，这时可能导致 AIC 或 SC 的值增加。

八、结构差异检验

建立模型时往往希望模型的参数是稳定的，即所谓的结构不变，这将提高模型的预测与分析功能。如何检验？

实际运用背景：经常碰到这样的问题，例如：①某项政策的出台及实施，其效果如何？②不同地区或不同时期内，分别可以得到这两个地区或时期的观测值。问题是：这两个地区或时期的情况是否不同，经济结构有无差异。这类问题，被华人经济学家邹至庄用构造的 F 检验解决了。这样的 F 检验的统计量，就称为邹氏检验（Chow test）。

假设需要建立的模型为

$$y = \beta_0 + \beta_1 x_1 + \cdots + \beta_k x_k + u$$

在两个连续的时间序列 $(1, 2, \cdots, n_1)$ 与 $(n_1+1, \cdots, n_1+n_2)$ 中，相应的模型分别为

$$y_1 = \beta_0 + \beta_1 x_1 + \cdots + \beta_k x_k + u_1$$
$$y_2 = \alpha_0 + \alpha_1 x_1 + \cdots + \alpha_k x_k + u_2$$

合并两个时间序列为 $(1, 2, \cdots, n_1, n_1+1, \cdots, n_1+n_2)$，则可写出如下无约束回归模型：

$$\begin{bmatrix} y_1 \\ y_2 \end{bmatrix} = \begin{bmatrix} x_1 & 0 \\ 0 & x_2 \end{bmatrix} \begin{bmatrix} \beta \\ \alpha \end{bmatrix} + \begin{bmatrix} u_1 \\ u_2 \end{bmatrix} \tag{2-12}$$

如果 $\alpha = \beta$（统计意义），表示没有发生结构变化，因此可针对如下假设进行检验。

$$H_0: \alpha = \beta$$

式（2-12）施加上述约束后变换为受约束回归模型：

$$\begin{bmatrix} y_1 \\ y_2 \end{bmatrix} = \begin{bmatrix} x_1 \\ x_2 \end{bmatrix} \beta + \begin{bmatrix} u_1 \\ u_2 \end{bmatrix}$$

因此，检验的 F 统计量为

$$F = \frac{(\text{RSS}_R - \text{RSS}_U)/k}{\text{RSS}_U/[n_1 + n_2 - 2(k+1)]} \sim F[k, n_1 + n_2 - 2(k+1)]$$

式中，RSS_R 为受约束回归所得的残差平方和；RSS_U 为不受约束回归所得的残差平方和。

记 RSS_1 与 RSS_2 为在两时间段上分别回归后所得的残差平方和，容易验证：

$$\text{RSS}_U = \text{RSS}_1 + \text{RSS}_2$$

于是，得

$$F = \frac{[\text{RSS}_R - (\text{RSS}_1 + \text{RSS}_2)]/k}{(\text{RSS}_1 + \text{RSS}_2)/[n_1 + n_2 - 2(k+1)]} \sim F[k, n_1 + n_2 - 2(k+1)]$$

计算 F 统计量的值，与临界值比较：若 F 值大于临界值，则拒绝 H_0：$\alpha = \beta$，认为发生了结构变化，参数是非稳定的。该检验也被称为邹氏参数稳定性检验（Chow test for parameter stability）。

【例 2-1】　关于回归函数的例子。

【目的】　通过本例建立总体回归函数和样本回归函数的概念。通过在 EViews 中实现散点图，描绘出假想的经济社会的总体回归函数，再通过抽样给出一个样本回归函数的散点图，让读者对总体回归函数和样本回归函数建立起感性的认识。

【问题的描述】　考虑一个只有 60 户居民家庭的经济社会，这 60 户居民家庭就构成了所要认识的总体，想知道这些居民的周消费支出 Y 和周收入 X 之间将会呈现怎样的关系，这 60 户居民按照收入水平被分成 10 个小组（从 80 美元到 260 美元），在表 2-1 中给出了 Y 与 X 的对应情况和在 X 值给定情况下 Y 的条件期望值 $E(Y|X)$。

表 2-1　周收入和周消费支出及其关系（单位：美元）

周收入 X	80	100	120	140	160	180	200	220	240	260
周消费支出 Y	55	65	79	80	102	110	120	135	137	150
	60	70	84	93	107	115	136	137	145	152
	65	74	90	95	110	120	140	140	155	175
	70	80	94	103	116	130	144	152	165	178
	75	85	98	108	118	135	145	157	175	180
	—	88	—	113	125	140	—	160	189	185
	—	—	—	115	—	—	—	162	—	191
共计	325	462	445	707	678	750	685	1043	966	1211
Y 的条件均值 $E(Y|X)$	65	77	89	101	113	125	137	149	161	173

可以先大概观察一下表 2-1 中随着周收入 X 的不断增加，周消费支出 Y 的条件均值 $E(Y|X)$ 也在不断地增加。使用 EViews 建立 Y 与 X 之间的散点图来进一步观察它们的关系。

【EViews 的实现过程】　主要分为两个过程：一是录入数据；二是建立散点图。打开 EViews，单击菜单栏中的"File"→"New"→"Workfile"，如图 2-3 所示。

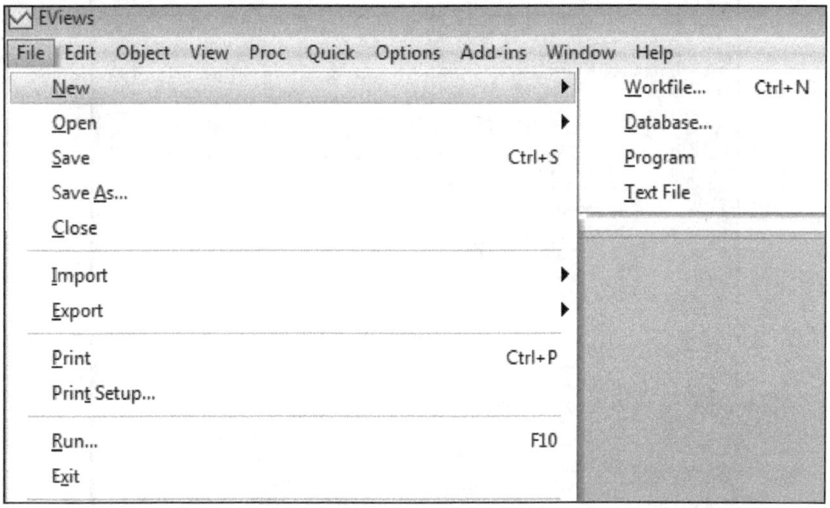

图 2-3　File 子菜单

由于要说明的是一个横截面数据的例子，选择"Unstructured/Undated"，并将观测值输入为"60"，单击"OK"，如图 2-4 所示。

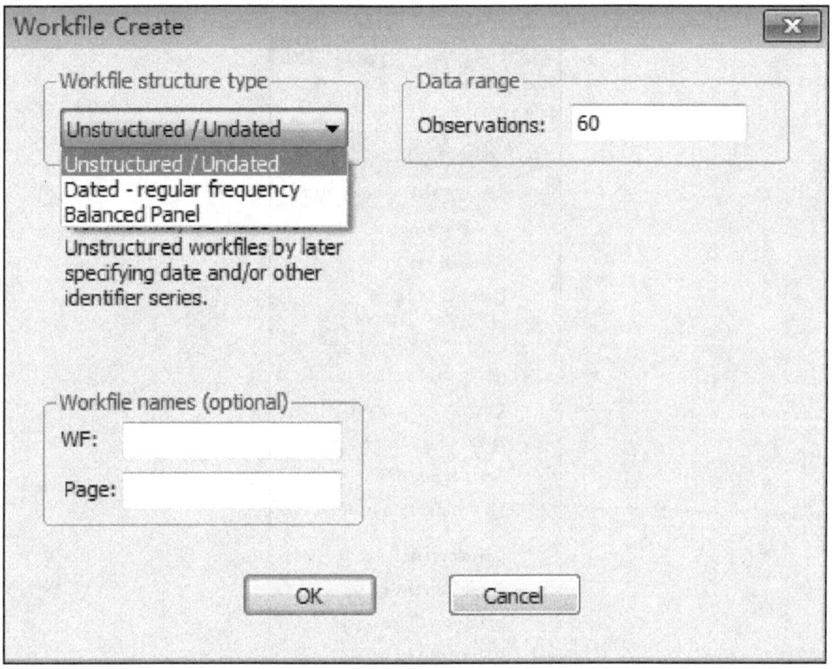

图 2-4　工作文件创建选项窗口

输入数据，在命令窗口中输入"data Y X"并单击"Enter"，将 Y 和 X 的数据复制并粘贴进去，如图 2-5 所示。

obs	Y	X
obs	Y	X
1	55.00000	80.00000
2	60.00000	80.00000
3	65.00000	80.00000
4	70.00000	80.00000
5	75.00000	80.00000
6	65.00000	100.0000
7	70.00000	100.0000
8	74.00000	100.0000
9	80.00000	100.0000
10	85.00000	100.0000
11	88.00000	100.0000
12	79.00000	120.0000
13	84.00000	120.0000
14	90.00000	120.0000
15	94.00000	120.0000
16	98.00000	120.0000
17	80.00000	140.0000
18	93.00000	140.0000
19	95.00000	140.0000
20	103.0000	140.0000

图 2-5　数据输入窗口

单击"View"→"Graph"选项，如图 2-6 所示。

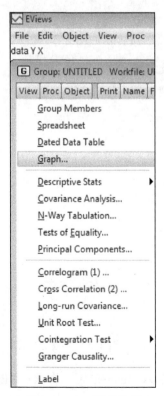

图 2-6　View 菜单选项

在"Specific"项中选中"Scatter",在"Fit lines"中选中"Regression Line",然后单击"OK"（图2-7）,并通过"Graph Options"中的一系列按钮,设置回归线和散点的图形样式、坐标名称及刻度,便可呈现 Y 与 X 的散点图,如图2-8所示。

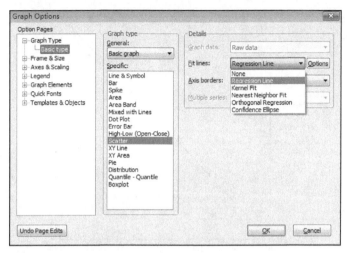

图2-7　图形功能选项窗口

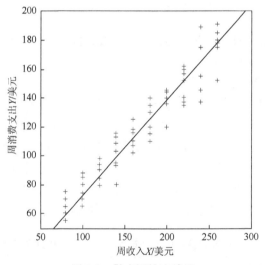

图2-8　散点图输出结果

【含义的解读】　在图2-8中,可以发现穿过众多散点的那条直线描述的是,尽管在每个组中的周消费支出可以变化,但是从平均水平上讲,周消费支出会随着收入的增加而增加,总体回归函数（这里指图中直线）描述的就是解释变量 X 与在 X 值给定情况下,被解释变量 Y 的条件与均值的关系。

【补充】　样本回归函数的例子。

针对例2-1,现在开始建立对应的样本回归函数。在给定每一个周收入 X 值的情况下,随机抽取周消费支出 Y,这样便得到了一个随机样本,在表2-2中给出了这个样本,按照之前的 EViews 过程,可以画出在这个随机样本中的周收入 X 与周消费支出 Y 的散点图,如图2-9所示。

表 2-2   周收入 X 与周消费支持 Y 的一个随机样本（单位：美元）

X	80	100	120	140	160	180	200	220	240	260
Y	60	80	84	103	110	130	136	152	155	175

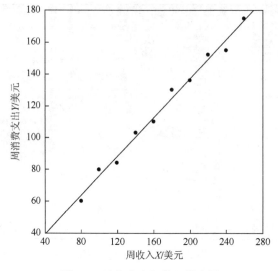

图 2-9   消费支出与收入散点图

可以看到该散点图近似于一条直线，由于样本取自总体，可用该直线近似代替总体回归线，这条直线就是样本回归线。

【例 2-2[①]】   截面数据模型。

【目的】   通过一个横截面数据的例子，让读者了解计量经济学模型的一般建立过程。

【问题的描述】   假如想要了解 2011 年中国城镇居民人均可支配收入与人均现金消费支出之间的关系，需要建立一个简单的一元回归模型来说明二者的关系，表 2-3 给出了 2011 年中国 31 个省、自治区、直辖市以当年价计算的城镇居民家庭年人均可支配收入 X 与人均现金消费支出 Y 两组数据。表 2-3 给出的是同一年份中不同地区城镇居民家庭的人均可支配收入与人均消费支出，所以数据类型是横截面数据。

表 2-3   2011 年中国部分地区城镇居民人均可支配收入与人均现金消费支出（单位：元）

地区	人均可支配收入 X	人均现金消费支出 Y	地区	人均可支配收入 X	人均现金消费支出 Y
北京	32903.03	21984.37	吉林	17796.57	13010.63
天津	26920.86	18424.09	黑龙江	15696.18	12054.19
河北	18292.23	11609.29	上海	36230.48	25102.14
山西	18123.87	11354.3	江苏	26340.73	16781.74
内蒙古	20407.57	15878.07	浙江	30970.68	20437.45
辽宁	20466.84	14789.61	安徽	18606.13	13181.46

---

① 例 2-2 来源于书（李子奈和潘文卿，2010a）P53 页的例 2.6.1，但是本书将数据参考 2012 年统计年鉴更新到了 2011 年。

续表

地区	人均可支配收入 X	人均现金消费支出 Y	地区	人均可支配收入 X	人均现金消费支出 Y
福建	24907.4	16661.05	四川	17899.12	13696.3
江西	17494.87	11747.21	贵州	16495.01	11352.88
山东	22791.84	14560.67	云南	18575.62	12248.03
河南	18194.8	12336.47	西藏	16195.56	10398.91
湖北	18373.87	13163.77	陕西	18245.23	13782.75
湖南	18844.05	13402.87	甘肃	14988.68	11188.57
广东	26897.48	20251.82	青海	15603.31	10955.46
广西	18854.06	12848.37	宁夏	17578.92	12896.04
海南	18368.95	12642.75	新疆	15513.62	11839.4
重庆	20249.7	14974.49			

资料来源：《中国统计年鉴（2012）》

通过建立一个一元回归模型来分析 X 与 Y 之间的关系。

【EViews 的实现过程】 首先分析的是横截面数据同时又有 31 个样本点，根据这些特征，建立一个工作文件，如图 2-10 所示。

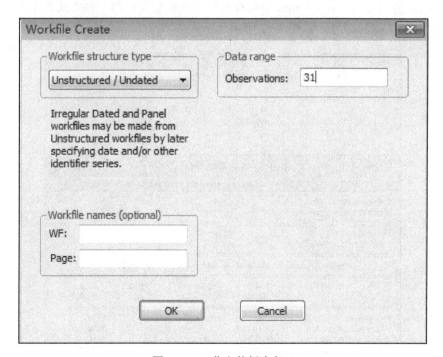

图 2-10 工作文件创建窗口

录入数据，在命令窗口输入"data X Y"，然后将数据复制并粘贴到 EViews 中，如图 2-11 所示。

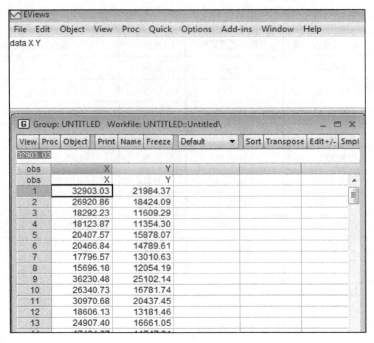

图 2-11　数据输入窗口

　　建立一元回归方程，在 EViews 中可有两种方式来实现：第一种方式是在命令窗口中直接输入 "ls Y C X" 即可，如图 2-12 所示。

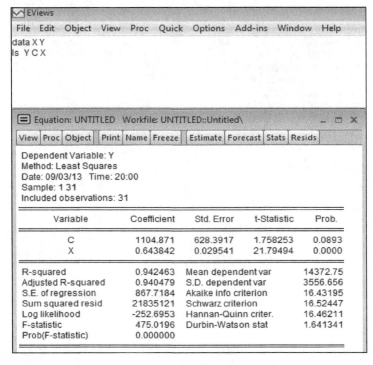

图 2-12　方程输出结果

第二种方式：单击"Quick"→"Etimate Equation"，然后在弹出的窗口中输入"Y C X"，在"Method"中选择"LS-Least Squares（NLS and ARMA）"后单击"确定"，也可输出方程的估计结果。如图 2-13～图 2-15 所示。

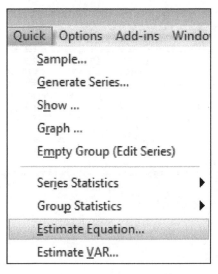

图 2-13　Quick 菜单选项

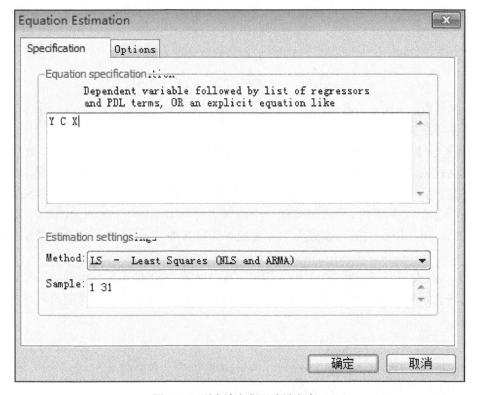

图 2-14　列表法方程形式设定窗口

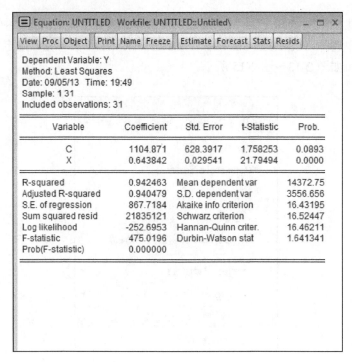

图 2-15　方程输出结果

根据估计的结果，可以得到如下的一元回归方程：

$$Y = 1104.871 + 0.644X$$

$$(1.758) \quad (21.795)$$

$$R^2 = 0.942 \quad F = 475.020 \quad D.W. = 1.641$$

式中，括号内的数为相应参数的 t 检验值；R^2 为可决系数；F 和 D.W.是两个有关的统计量，后文介绍其含义。

【模型的检验】　从回归估计的结果看，模型拟合得较好。可决系数为 0.942，表明 2011 年城镇居民人均现金消费支出变化的 94.24%可由人均可支配收入的变化来解释。从斜率的 t 值来看，大于 5%显著性水平下自由度为 $n-2=29$ 的临界值（29）=2.0452，且该斜率值满足 0＜0.644＜1，符合经济理论中边际消费倾向在 0 与 1 之间的绝对收入假说，表明 2011 年中国城镇居民家庭人均可支配收入每增加 1 元，人均现金消费支出增加 0.644 元。

【预测】　假设需要了解在 2011 年人均可支配收入在 20000 元这一组别中国城镇家庭的人均现金消费支出问题。由上面所估计的回归方程可知在这一可支配收入水平下的预测值：

$$\hat{Y}_{2011} = 1104.871 + 0.644 \times 20000 = 13984.871$$

下面给出该类家庭人均现金消费支出 95%置信度的预测区间。

由于人均可支配收入 X 的样本均值与样本方差为

$$E(X) = 20607.33, \quad \text{Var}(X) = 27832239$$

于是,在95%的置信度下,$E(Y_{2011})$的预测区间为13984.871±320.884或者(13663.987,14305.755)。

如果想知道某地区某城镇家庭人均可支配收入为20000元时,该家庭人均消费支出的个值预测,则仍通过上述样本回归方程得到13984.871元的消费支出预测值。按照相同的方法,在95%的置信度下,该家庭人均消费支出Y_{2011}的预测区间为13984.871±1803.264或(12181.607,15788.135)。

【例2-3】 时间序列数据模型。

【目的】 建立一个时间序列的数据,让读者了解模型的建立、检验、预测过程。

【问题的描述】 表2-4给出了按照当年价格计算的1990~2011年城镇居民人均可支配收入与城镇居民人均消费支出的数据,如果想要了解这一时期两者之间的关系,就需要建立一个时间序列的一元回归模型。

表2-4 1990~2011年的城镇居民人均可支配收入与城镇居民人均消费支出(以当年价格计算)

年份	人均可支配收入 X/元	人均消费支出 Y/元
1990	1510.2	1596
1991	1700.6	1840
1992	2026.6	2262
1993	2577.4	2924
1994	3496.2	3852
1995	4283.0	4931
1996	4838.9	5532
1997	5160.3	5823
1998	5425.1	6109
1999	5854.0	6405
2000	6280.0	6850
2001	6859.6	7161
2002	7702.8	7486
2003	8472.2	8060
2004	9421.6	8912
2005	10493.0	9593
2006	11759.5	10618
2007	13785.8	12130
2008	15780.8	13653
2009	17174.7	14904
2010	19109.4	16546
2011	21809.8	18750

资料来源:《中国统计年鉴(2012)》

【模型的建立】 建立一个一元回归模型,用X代表人均可支配收入,用Y代表人均消费支出。

【EViews 实现过程】　由于时间序列数据的特殊性，在数据录入时与横截面的数据稍有不同，首先建立一个工作文件，在文件结构类型要选择"Dated-regular frequency"，在"Frequnency"中选择"Annual"，并分别在数据的"Start date"和"End date"中填入"1990"和"2010"，然后单击"OK"，如图 2-16 所示。

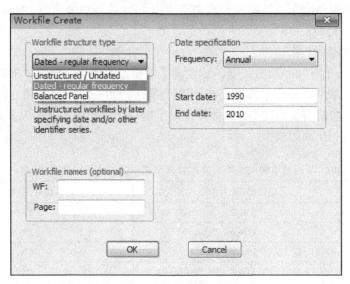

图 2-16　工作文件创建窗口

录入数据，在命令窗口输入"data X Y"，将已有的数据复制并粘贴进去，如图 2-17 所示。

obs	X	Y
1990	1510.200	1596.000
1991	1700.600	1840.000
1992	2026.600	2262.000
1993	2577.400	2924.000
1994	3496.200	3852.000
1995	4283.000	4931.000
1996	4838.900	5532.000
1997	5160.300	5823.000
1998	5425.100	6109.000
1999	5854.000	6405.000
2000	6280.000	6850.000
2001	6859.600	7161.000
2002	7702.800	7486.000
2003	8472.200	8060.000
2004	9421.600	8912.000
2005	10493.00	9593.000
2006	11759.50	10618.00
2007	13785.80	12130.00
2008	15780.80	13653.00
2009	17174.70	14904.00
2010	19109.40	16546.00

图 2-17　数据输入窗口

建立一元回归模型，这里有两个方式：一是在命令窗口中输入"ls Y C X"，然后单击"Enter"。得到如图 2-18 所示结果。

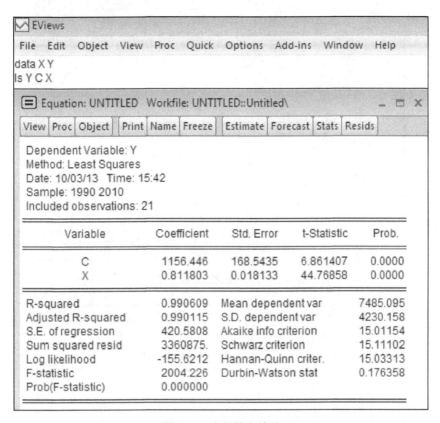

图 2-18 方程输出结果

另外一种方式是在菜单栏选中"Estimated"，单击"Quick"→"Estimate Equation"，再在"Specification"中输入"Y C X"，并在"Method"中选择"LS-Least Squares（NLS and ARMA）"，最后单击"确定"，并得到结果，如图 2-19～图 2-21 所示。

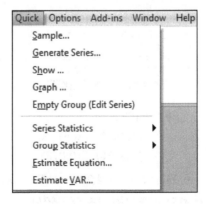

图 2-19 Quick 菜单选项

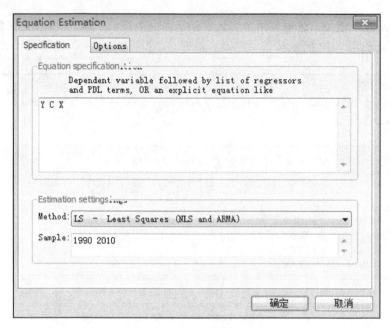

图 2-20　列表法设定方程形式窗口

Equation: UNTITLED　Workfile: UNTITLED::Untitled\

View | Proc | Object | Print | Name | Freeze | Estimate | Forecast | Stats | Resids

Dependent Variable: Y
Method: Least Squares
Date: 10/03/13 Time: 15:43
Sample: 1990 2010
Included observations: 21

Variable	Coefficient	Std. Error	t-Statistic	Prob.
C	1156.446	168.5435	6.861407	0.0000
X	0.811803	0.018133	44.76858	0.0000

R-squared	0.990609	Mean dependent var	7485.095
Adjusted R-squared	0.990115	S.D. dependent var	4230.158
S.E. of regression	420.5808	Akaike info criterion	15.01154
Sum squared resid	3360875.	Schwarz criterion	15.11102
Log likelihood	-155.6212	Hannan-Quinn criter.	15.03313
F-statistic	2004.226	Durbin-Watson stat	0.176358
Prob(F-statistic)	0.000000		

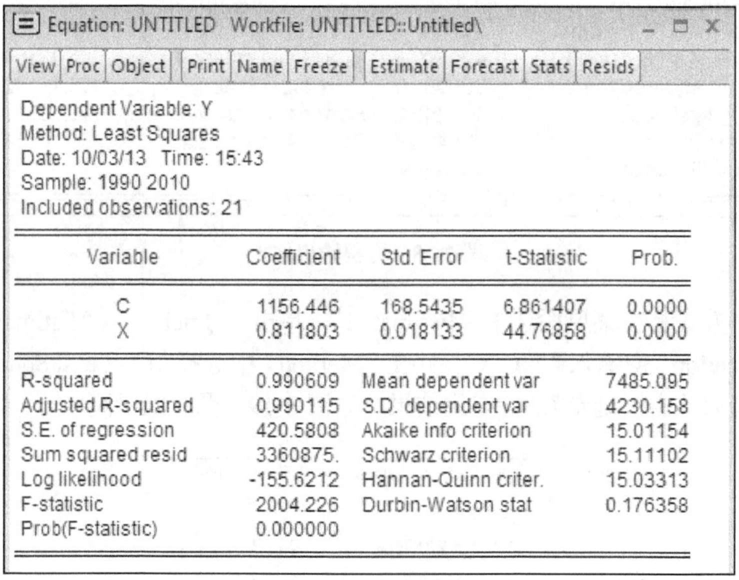

图 2-21　方程输出结果

根据估计结果，可以得到如下的回归方程：

$$Y = 1156.446 + 0.812X$$

$$(168.544)\quad(0.018)$$

$$R^2 = 0.991 \quad F = 2004.226 \quad \text{D.W.} = 0.176$$

【模型的检验】　可决系数 R^2=0.991 表明模型拟合得较好，截距项与斜率项 t 值的绝对值都大于在 5%的显著水平上自由度为 n–2=31 的临界值（19）=2.093。斜率项处于 0 与 1

之间符合绝对收入假说，斜率项表明城镇居民人均可支配收入 X 增加 1 元，城镇居民人均消费支出 Y 增加 0.81 元。

【预测】 2011 年城镇居民人均可支配收入为 21809.78 元，将其代入建立的一元回归模型得到 2011 年城镇居民人均消费支出的预测值为 18865.987，相比于 2011 年的真实值，可见相对误差为 0.62%。

下面给出 2011 年城镇居民人均消费支出的预测区间，在样本期内：$E(X)=8432.8$，$Var(X)=34543665$，在 95% 的置信区间下，$E(Y_{2011})$ 预测区间为 18865.987 ± 498.16 或（18367.827，19354.147）。同样地，在 95% 的置信区间下，Y_{2011} 预测区间为 18865.987 ± 1011.46 或（17854.527，19877.447）。

【例 2-4[①]】 多元线性回归模型。

【目的】 利用表 2-5 所示数据建立一个简单的多元线性回归模型，让读者对多元线性回归建立起概念。

【问题的描述】 相对收入消费理论认为，前一期的消费水平会影响下一期的消费。现在建立一个消费函数，样本区间为：1978～2006 年，同时将收入水平和前一期的消费水平作为解释变量。

表2-5 1978～2006 年中国居民消费水平与居民收入（单位：亿元）

年份	居民消费水平 CS	居民收入 INC	前一期的居民消费 CS（-1）
1978	1454.02	1647.82	
1979	1700.03	1977.80	1647.82
1980	1899.43	2224.84	1977.80
1981	2178.03	2488.29	2224.84
1982	2425.45	2895.48	2488.29
1983	2681.05	3218.09	2895.48
1984	2952.68	3683.86	3218.09
1985	3243.75	3863.92	3683.86
1986	3586.65	4167.79	3863.92
1987	3806.71	4374.90	4167.79
1988	3985.67	4424.19	4374.90
1989	3825.58	4316.73	4424.19
1990	4057.46	4775.56	4316.73
1991	4370.44	5050.29	4775.56
1992	4612.19	5537.28	5050.29
1993	4969.27	6010.73	5537.28
1994	5443.85	6609.98	6010.73
1995	5972.70	7212.16	6609.98

---

① 此例参考书（高铁梅，2009）P73 的例题。

续表

年份	居民消费水平 CS	居民收入 INC	前一期的居民消费 CS（-1）
1996	6512.56	8010.99	7212.16
1997	6817.13	8588.07	8010.99
1998	7127.45	9249.64	8588.07
1999	7666.43	10120.99	9249.64
2000	8397.33	10839.85	10120.99
2001	9009.14	11853.04	10839.85
2002	10295.08	13390.23	11853.04
2003	11177.61	14708.50	13390.23
2004	12182.07	16097.69	14708.50
2005	13727.91	17941.16	16097.69
2006	15084.06	20023.49	17941.16

数据来源：《中国历年统计年鉴（2012）》，按照高铁梅的方法核算

【EViews 实现过程】　首先，建立一个工作文件，由于是一个时间序列数据，在"Workfile structure type"中选择"Dated-regular frequency"，并在"Start date"中填写"1978"，在"End data"中填写"2006"，然后单击"OK"，如图 2-22 所示。

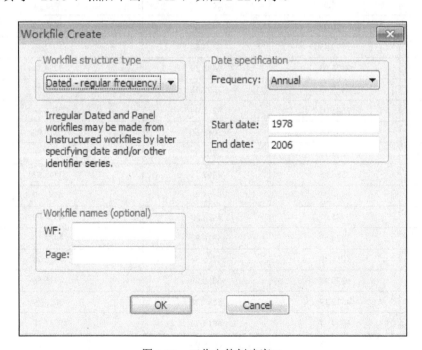

图 2-22　工作文件创建窗口

录入数据，在命令窗口中输入"data CS INC"，注意对于滞后一期的居民消费 CS（-1）可以由 EViews 直接实现，不必单独输入，如图 2-23 所示。

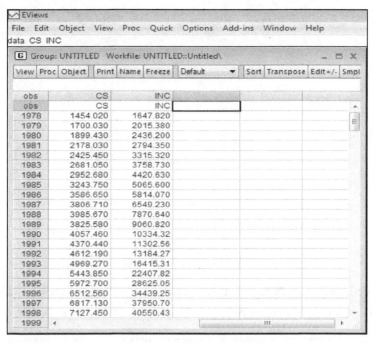

图 2-23　数据输入窗口

这里有两种方法估计建立的二元回归模型：一是在命令窗口中输入"ls CS C INC CS（–1）"，然后单击"Enter"，得到结果如图 2-24 所示。

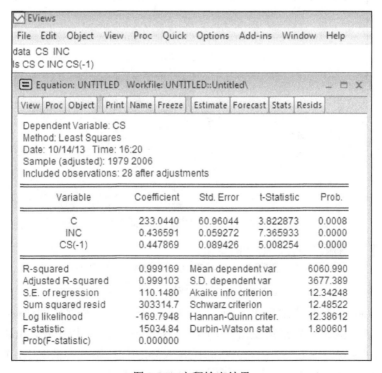

图 2-24　方程输出结果

另外一种方式是在菜单栏选中"Estimated"，单击"Quick"→"Estimate Equation"，如图 2-25 所示。

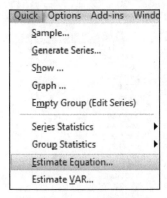

图 2-25　Quick 菜单选项

再在"Specification"中输入"CS C INC CS（-1）"，并在"Method"中选择"LS-Least Squares（NLS and ARMA）"，最后单击"确定"。如图 2-26 所示，得到结果如图 2-27 所示。

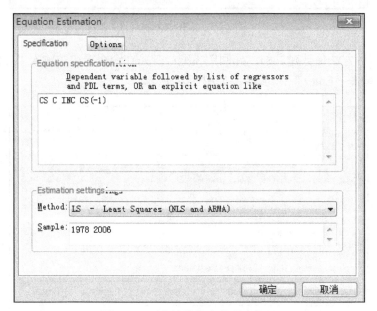

图 2-26　列表法设定方程形式窗口

【含义的解读】　由输出报告，估计的结果是

$$CS = 23.044 + 0.437 \times INC + 0.448 \times CS(-1)$$
$$(60.960) \quad (0.059) \quad (0.089)$$

括号内为标准误，根据报告给出对应的 P 值可知，居民收入和前一期消费的系数在统计上都是显著，在保持前一期消费支出 CS（-1）不变的情况下，居民收入 INC 每增加 1 亿元，居民消费 CS 就增加 0.437 亿元。在居民收入 INC 保持不变的情况下，前一期的消费支持 CS（-1）每增加 1 亿元，居民消费 CS 就增加 0.448 亿元。

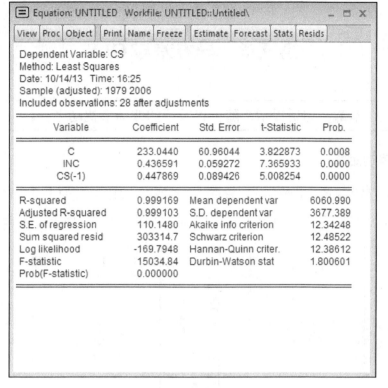

图 2-27 方程输出结果

第三章 异方差与GLS

> 本章一句话提示：随机误差项的非球形扰动之一。

一、异方差的定义

异方差是最常见的违背球形扰动假设的一种情形，即扰动项的方差 $\mathrm{Var}(u_i) = \sigma_i^2$ 会随着样本 i 的变化而变化，而不是常数。为了理解该假定，先考察图 3-1，再考察图 3-2。

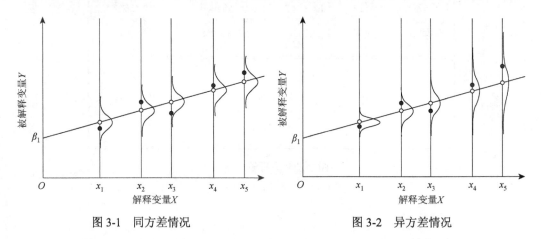

图 3-1　同方差情况　　　　　　　　图 3-2　异方差情况

图 3-1 与图 3-2 最大的区别就在于：图 3-1 中尽管 $y_1, y_2, \cdots$ 的期望值随着 $x_1, x_2, \cdots$ 的不同而随之变化，但由于同方差假定，它们的离散程度（方差）是不变的。异方差（递增型）用散点图直观表示就是 X 越大则 $\mathrm{Var}(u_i)$ 越大，见图 3-3。这就造成了 OLS 回归线在 x_i 较小时可以较精确地估计，而在 x_i 较大时则难以精确地估计。所以异方差使得 OLS 的效率降低。在异方差情况下采用公式 $se(\hat{\beta}_1) = \sqrt{\dfrac{\hat{\delta}^2}{\sum\limits_{i=1}^{n}(x_i - \bar{x})^2}}$ 来计算 $\hat{\beta}_1$ 的标准误是不恰当的。

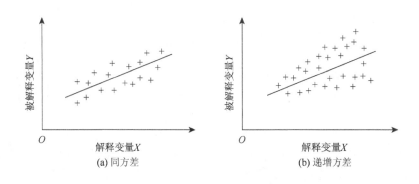

(a) 同方差　　　　　　　　　　　(b) 递增方差

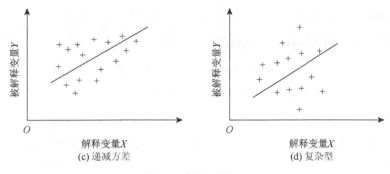

图 3-3　异方差情况

二、异方差的检验

一般来说，横截面数据容易产生异方差，需要说明的是，时间序列数据也会产生异方差，如 ARCH 模型（autoregressive conditional heteroskedasticity model）。常用的检验方法如下。

（一）残差图检验

最直观的检验方法就是看"残差和拟合值 $\hat{y}_i$ 的散点图"，或者"残差和某个解释变量 x_i 的散点图"，图示法简单直观但是不严格，无法得出异方差的具体形式。

（二）Goldfeld-Quandt 检验

Goldfeld-Quandt 检验（G-Q 检验）适用于单调递增或递减型异方差。常见的一种情况是，当 z 取值较小时，误差项方差或许为较小的常数 σ_1^2。而当 z 取值较大时，误差项方差或许为较大的常数 σ_2^2。基于此种情况，为了检验同方差假定，建立假设体系：

$$H_0 : \sigma_1^2 = \sigma_2^2 = \sigma^2$$
$$H_1 : \sigma_2^2 > \sigma_1^2$$

检验步骤如下所示。

（1）对 n 个观测值 z 按升序排列，并抛弃中间的大约 $n/4$ 个观测值，将剩余的样本平均分成两个容量相同都为 n^* 的子样本。

（2）就两个子样本分别进行回归，分别记 RSS_1、RSS_2 为两次回归的残差平方和。

（3）计算 RSS_2/RSS_1。在同方差的原假设下，$RSS_2/RSS_1 \sim F(n^*-k-1,\ n^*-k-1)$，若计算出的 F 值大于 F_α，则在显著水平 α 下拒绝原假设。

（三）White 检验

White 检验不需要排序，且对任何形式的异方差都适用。如果模型是 $y_i = \beta_0 + \beta_1 x_{i1} + \beta_2 x_{i2} + \cdots + u_i$，，White 检验的步骤如下。

（1）估计模型并计算残差的平方 $\hat{e}_i^2$。

（2）估计辅助回归（auxiliary regression）模型：

$$\hat{\varepsilon}_i^2 = a_0 + a_1 x_{1i} + a_2 x_{2i} + a_3 x_{1i}^2 + a_4 x_{2i}^2 + a_5 x_{1i} x_{2i} + v_i \tag{3-1}$$

原模型同方差的原假设对应于辅助模型的原假设：

$$a_1 = a_2 = a_3 = a_4 = a_5 = 0 \tag{3-2}$$

（3）对于辅助回归模型，利用拉格朗日乘数（Lagrange multiplier，LM）统计量 $nR^2 \sim$ $\chi^2(q)$ 进行检验原假设 $a_1 = a_2 = a_3 = a_4 = a_5 = 0$。其中 R^2 是辅助模型的判定系数（对于辅助模型，它就是不受约束情况下的判定系数 R_{ur}^2），q 是辅助模型中不包含截距项的解释变量的个数。

（四）Breusch and Pagan 检验

Breusch and Pagan 检验（BP 检验）可以看作 White 检验的特例，BP 检验与 White 检验的区别在于 BP 检验的辅助回归方程中不包括平方项与交叉项。其余检验思路与 White 检验相同。

三、GLS 法

对回归模型：$Y = X\beta + u$，假定 $E(u)=0$，则随机误差向量 u 的方差-协方差矩阵为

$$\text{Cov}(\mu) = E(uu') = \begin{bmatrix} \sigma^2 & \cdots & E(u_1 u_n) \\ \vdots & & \vdots \\ E(u_n u_1) & \cdots & \sigma^2 \end{bmatrix}$$

$$= \begin{bmatrix} \sigma^2 & \cdots & \sigma_{1n} \\ \vdots & \ddots & \vdots \\ \sigma_{n1} & \cdots & \sigma^2 \end{bmatrix}$$

$$= \sigma^2 \Omega \neq \sigma^2 I \tag{3-3}$$

可以证明，Ω 为正定阵（提示：考虑 $A'\varepsilon$ 的方差，其中 A 为 N 维非零向量）。按照矩阵代数知识，由于 Ω 为正定阵，必有

$$\Omega^{-1} = P'P$$

式中，P 为 N 阶非奇异阵。进而有

$$P\Omega P' = P(P'P)^{-1}P' = PP^{-1}(P')^{-1}P' = I \tag{3-4}$$

对初始回归模型进行变换：$PY = PX\beta + P\varepsilon$，令 $PY = Y^*; PX = X^*; P\varepsilon = \varepsilon^*$，即有

$$Y^* = X^*\beta + \varepsilon^*$$

显然，

$$\text{Var}(\varepsilon^*) = \text{Var}(P\varepsilon) = E(P\varepsilon\varepsilon'P') = PE(\varepsilon\varepsilon')P' = P\Omega P' = I \tag{3-5}$$

故模型 $Y^* = X^*\beta + \varepsilon^*$ 满足同方差及其序列无关假定。基于该模型，β 的 OLS 估计量为

$$\hat{\beta} = (X^{*\prime} X^*)^{-1}(X^{*\prime} Y^*)$$
$$= (X'P'PX)^{-1}(X'P'PY)$$
$$= (X'\Omega^{-1} X)^{-1}(X'\Omega^{-1} Y) \qquad (3\text{-}6)$$

对原模型：$Y = X\beta + \varepsilon$，上述估计量被称为广义最小二乘（generalized least squres，GLS）估计量 $\hat{\beta}^{\text{GLS}}$。

（1）当 $\Omega = \begin{bmatrix} \delta^2 & 0 & \cdots & 0 \\ 0 & \delta^2 & \cdots & 0 \\ \vdots & \vdots & & \vdots \\ 0 & 0 & \cdots & \delta^2 \end{bmatrix} = \delta^2 I$ 时，

$$\hat{\beta}^{\text{GLS}} = [X'(\delta^2 I)^{-1} X]^{-1}[X'(\delta^2 I)^{-1} Y]$$
$$= (X'X)^{-1}(X'Y)$$
$$= \hat{\beta}^{\text{OLS}} \qquad (3\text{-}7)$$

因此，在同方差及其序列无关情况下，GLS 估计量即为 OLS 估计量。

（2）当 $\Omega = \begin{bmatrix} \delta_1^2 & 0 & \cdots & 0 \\ 0 & \delta_2^2 & \cdots & 0 \\ \vdots & \vdots & & \vdots \\ 0 & 0 & \cdots & \delta_N^2 \end{bmatrix}$ 时，

$$\Omega^{-1} = \begin{bmatrix} 1/\delta_1^2 & 0 & \cdots & 0 \\ 0 & 1/\delta_2^2 & \cdots & 0 \\ \vdots & \vdots & & \vdots \\ 0 & 0 & \cdots & 1/\delta_N^2 \end{bmatrix}, \quad P = \begin{bmatrix} 1/\delta_1 & 0 & \cdots & 0 \\ 0 & 1/\delta_2 & \cdots & 0 \\ \vdots & \vdots & & \vdots \\ 0 & 0 & \cdots & 1/\delta_N \end{bmatrix}$$

因此，基于模型 $PY = PX\beta + P\varepsilon$ 的 OLS 估计量即为基于模型 $Y = X\beta + \varepsilon$ 的加权最小二乘（weighted least square，WLS）估计量。或者说，在异方差情况下，GLS 估计量即为 WLS 估计量。

（3）当 $\Omega = \begin{bmatrix} \delta_1^2 & \delta_{12} & \cdots & \delta_{1n} \\ \delta_{21} & \delta_2^2 & \cdots & \delta_{21} \\ \vdots & \vdots & & \vdots \\ \delta_{N1} & \delta_{N2} & \cdots & \delta_N^2 \end{bmatrix}, \delta_{ij} = E(\varepsilon_i \varepsilon_j) = \text{Cov}(\varepsilon_i, \varepsilon_j)$ 时，如果 $\varepsilon_i = \rho \varepsilon_{i-1} + v_i$，其中 v_i 满足标准假定，$\text{Var}(v_i) = \delta_v^2$，则有

$$\delta_i^2 = \delta^2 = \frac{\delta_v^2}{1 - \rho^2}, \rho_{ij} = \frac{\text{Cov}(\varepsilon_i, \varepsilon_j)}{\delta^2} = \rho^{|i-j|} \qquad (3\text{-}8)$$

因此有

$$\Omega = \delta^2 \begin{bmatrix} 1 & \rho & \cdots & \rho^{N-1} \\ \rho & 1 & \cdots & \rho^{N-2} \\ \vdots & \vdots & & \vdots \\ \rho^{N-1} & \rho^{N-2} & \cdots & 1 \end{bmatrix} \qquad (3\text{-}9)$$

$$\varOmega^{-1} = \frac{1}{\delta^2} \cdot \frac{1}{1-\rho^2} \begin{bmatrix} 1 & -\rho & & & & \\ -\rho & 1+\rho^2 & -\rho & & & \\ & -\rho & 1+\rho^2 & -\rho & & \\ & & & \ddots & & \\ & & & -\rho & 1+\rho^2 & -\rho \\ & & & & -\rho & 1 \end{bmatrix} \qquad (3\text{-}10)$$

$\dfrac{1}{\delta^2} \cdot \dfrac{1}{1-\rho^2} = \dfrac{1-\rho^2}{\delta_v^2} \cdot \dfrac{1}{1-\rho^2} = \delta_v^2$，可以验证：$\varOmega^{-1} = P'P$，其中，

$$P = \delta_v \begin{bmatrix} \sqrt{1-\rho^2} & & & & \\ -\rho & 1 & & & \\ & -\rho & 1 & & \\ & & \ddots & 1 & \\ & & & -\rho & 1 \end{bmatrix} = \delta_v P^*$$

故有

$$PY = PX\beta + P\varepsilon \qquad (3\text{-}11)$$

可得

$$(\delta_v P^*)Y = (\delta_v P^*)X\beta + (\delta_v P^*)\varepsilon$$
$$P^* Y = P^* X\beta + P^* \varepsilon$$

注意：

$$P^* Y = \begin{bmatrix} \sqrt{1-\rho^2}\, y_1 \\ y_2 - \rho y_1 \\ y_3 - \rho y_2 \\ \vdots \\ y_N - \rho y_{N-1} \end{bmatrix}, \quad P^* X = \begin{bmatrix} \sqrt{1-\rho^2}\, x_1 \\ x_2 - \rho x_1 \\ x_3 - \rho x_2 \\ \vdots \\ x_N - \rho x_{N-1} \end{bmatrix}, \quad P^* \varepsilon = \begin{bmatrix} \sqrt{1-\rho^2}\, \varepsilon_1 \\ \varepsilon_2 - \rho \varepsilon_1 \\ \varepsilon_3 - \rho \varepsilon_2 \\ \vdots \\ \varepsilon_N - \rho \varepsilon_{N-1} \end{bmatrix} = \begin{bmatrix} \sqrt{1-\rho^2}\, \varepsilon_1 \\ v_2 \\ v_3 \\ \vdots \\ v_N \end{bmatrix}$$

四、异方差的修正

（一）WLS 法——$\varOmega$ 已知

对于异方差的修正来说，用 $\dfrac{1}{\mathrm{Var}(u_i)} = \dfrac{1}{\sigma_{u_i}^2}$ 作为 e_i^2 的权数是合理的。现在可以用权数将 OLS 法修正为：使加权残差平方和最小，即

$$\sum_{i=1}^{n} \frac{e_i^2}{\sigma_{u_i}^2} = \sum_{i=1}^{n} \frac{1}{\sigma_{u_i}^2}(y_i - \hat{y}_i)^2 = \sum_{i=1}^{n} \frac{1}{\sigma_{u_i}^2}(y_i - \hat{a} - \hat{\beta}x_i)^2 \qquad (3\text{-}12)$$

这就是 WLS 法。

（二）可行的广义最小二乘法——Ω 未知

GLS 法和 WLS 法的缺点就是要已知异方差形式，即已知扰动项的协方差矩阵，这通常是不可能的。为此，就必须先用样本数据来估计 $V(X)$，才能使用 GLS 法。这种方法被称为可行的广义最小二乘法（feasible generalized least squares，FGLS）。本书对 FGLS 不做理论推导，只特别说明，FGLS 既不是线性的，也不是无偏的估计的，所以不满足 BLUE 的性质。

（三）异方差形式未知的 OLS 稳健性估计

目前对异方差的处理最常用的方法就是"OLS+异方差稳健标准差"。只要样本容量足够大，即使存在异方差，若使用稳健标准差，则所有参数估计和假设检验都可以按照 OLS 进行，它只改变标准差的估计值，并不改变回归系数的估计值。按照 White（1980），对于线性模型 $y_i = \beta_0 + \beta_1 x_i + \varepsilon_i$，可以利用 $\dfrac{\sum\limits_{i=1}^{n}(x_i - \bar{x})^2 \hat{\varepsilon}_i^2}{\left[\sum\limits_{i=1}^{n}(x_i - \bar{x})^2\right]^2}$ 作为对估计量 $\hat{\beta}_1$ 方差的一致估计，

其正的平方根被称为异方差稳健性标准误，或者 White-Huber-Eicher 标准误。根据 Stock 和 Watson（2004）推荐，在大多数情况下异方差可以使用"OLS+稳健标准差"方法。

目前 EViews 软件已经可以有 White 稳健异方差的选项，详见本章例题分析。STATA 中有直接的命令即在回归中加选项"robust"。

【例 3-1】 异方差的诊断和修正。

【目的】 建立一个异方差的例子，让读者熟悉如何诊断和修正回归中出现异方差的情况，给出 G-Q 检验和 White 检验的过程，以及 White 异方差一致方差与标准误[①]和 WLS 法。

【问题的描述】 根据表 3-1 建立被解释变量为人均家庭交通及通信支出（CUM），解释变量为人均家庭可支配收入（IN）的回归方程，样本数为 30。

表 3-1　1998 年部分地区城镇居民人均家庭可支配收入与交通及通信支出

地区	人均家庭可支配收入 IN/元	人均家庭交通及通信支出 CUM/元	地区	人均家庭可支配收入 IN/元	人均家庭交通及通信支出 CUM/元
甘肃	4009.61	159.6	河南	4219.42	193.65
山西	4098.73	137.11	陕西	4220.24	191.76
宁夏	4112.41	231.51	青海	4240.13	197.04
吉林	4206.64	172.65	江西	4251.42	176.39

---

① 这个方法的名称现行计量教科书上不统一，如书（李子奈和潘文卿，2010）P116 "异方差稳健标准误法"；书（古扎拉蒂和波特，2011）P390 "异方差一致方差与标准误"；书（高铁梅，2009）P107 "White 异方差一致协方差"；更专业化的名称是"异方差性一致的协方差矩阵估计量"，其中 White 的异方差校正标准误又称为"稳健标准误"。

续表

地区	人均家庭可支配收入 IN/元	人均家庭交通及通信支出 CUM/元	地区	人均家庭可支配收入 IN/元	人均家庭交通及通信支出 CUM/元
黑龙江	4268.5	185.78	广西	5412.24	252.37
内蒙古	4353.02	206.91	湖南	5434.26	255.79
贵州	4565.39	227.21	重庆	5466.57	337.83
辽宁	4617.24	201.87	江苏	6017.85	255.65
安徽	4770.47	237.16	云南	6042.78	266.48
湖北	4826.36	214.37	福建	6485.63	346.75
海南	4852.87	265.98	天津	7110.54	258.56
新疆	5000.79	212.3	浙江	7836.76	388.79
河北	5084.64	270.09	北京	8471.98	369.54
四川	5127.08	212.46	上海	8773.1	384.49
山东	5380.08	255.53	广东	8839.68	640.56

资料来源：《中国统计年鉴（2012）》

【EViews 实现过程】　首先在 EViews 中建立一个工作文件，由于考察的是横截面数据，并且有 30 个样本点，在 "Workfile structure type" 中选择 "Unstructured/Undated"，然后在 "Observations" 中输入 "30"，最后单击 "OK"，如图 3-4 所示。

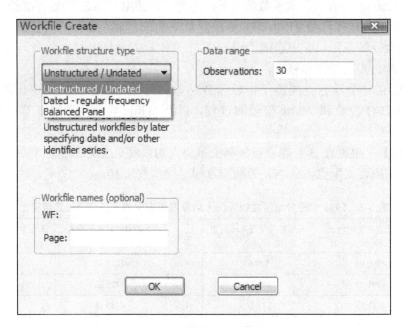

图 3-4　工作文件创建窗口

在命令窗口录入数据，输入 "data IN CUM"，然后将数据复制并粘贴进去，如图 3-5 所示。

obs	IN	CUM
obs	IN	CUM
1	4009.610	159.6000
2	4098.730	137.1100
3	4112.410	231.5100
4	4206.640	172.6500
5	4219.420	193.6500
6	4220.240	191.7600
7	4240.130	197.0400
8	4251.420	176.3900
9	4268.500	185.7800
10	4353.020	206.9100
11	4565.390	227.2100
12	4617.240	201.8700
13	4770.470	237.1600
14	4826.360	214.3700
15	4852.870	265.9800
16	5000.790	212.3000
17	5084.640	270.0900
18	5127.080	212.4600
19	5380.080	255.5300
20	5412.240	252.3700
21	5434.260	255.7900

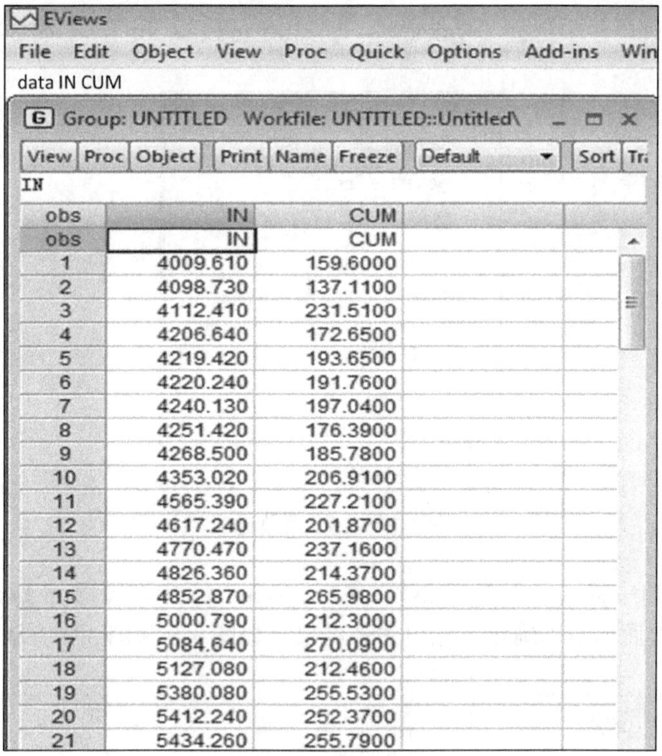

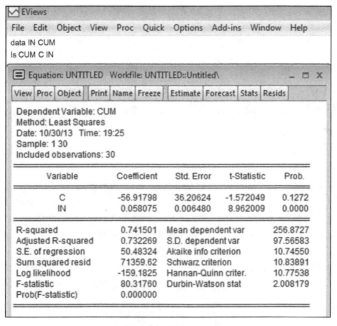

图 3-5　数据输入窗口

输出估计结果，有两种方式：一种是在命令窗口中输入“ls CUM C IN”，然后单击“Enter”，得到结果如图 3-6 所示。

Variable	Coefficient	Std. Error	t-Statistic	Prob.
C	-56.91798	36.20624	-1.572049	0.1272
IN	0.058075	0.006480	8.962009	0.0000

R-squared	0.741501	Mean dependent var	256.8727
Adjusted R-squared	0.732269	S.D. dependent var	97.56583
S.E. of regression	50.48324	Akaike info criterion	10.74550
Sum squared resid	71359.62	Schwarz criterion	10.83891
Log likelihood	-159.1825	Hannan-Quinn criter.	10.77538
F-statistic	80.31760	Durbin-Watson stat	2.008179
Prob(F-statistic)	0.000000		

图 3-6　方程输出结果

另一种是在菜单栏中选择"Quick"→"Estimate Equation",如图 3-7 所示。

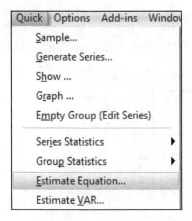

图 3-7 Quick 菜单选项

在弹出的窗口中输入"CUM C IN",并在"Method"中选择"LS-Least Squares(NLS and ARMA)",然后单击"确定"输出估计结果,如图 3-8 和图 3-9 所示。

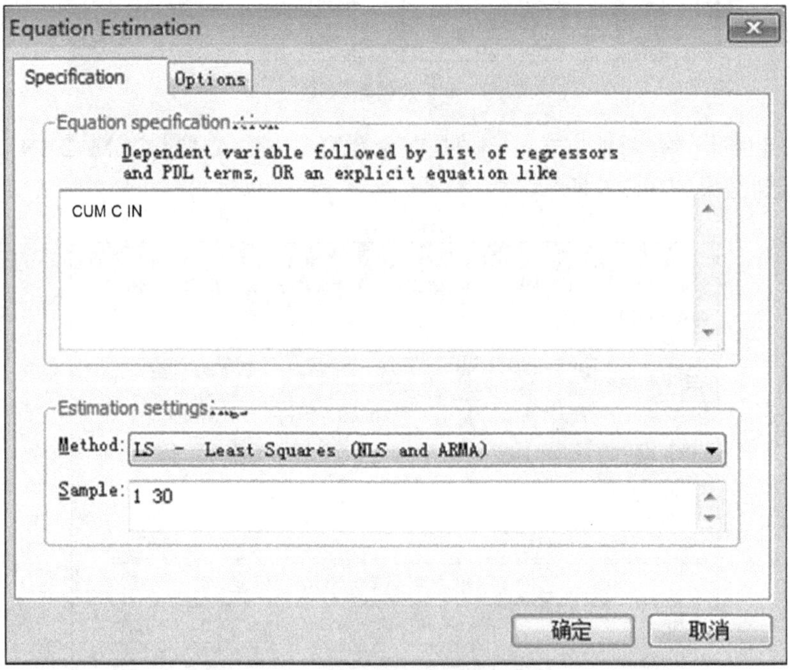

图 3-8 列表法设定方程形式窗口

这样就得到了估计的方程:

$$CUM = -56.918 + 0.581IN$$

$$(-1.572) \quad (8.962)$$

$$R^2 = 0.742 \quad F = 80.318$$

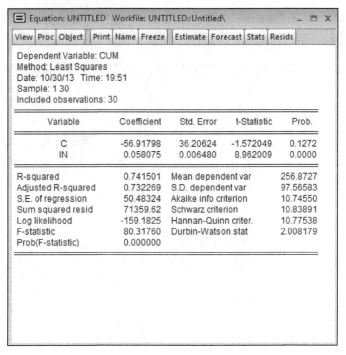

图 3-9 方程输出结果

下面给出上述回归的散点的图。

打开由 IN 和 CUM 组成的 Group，单击"View"→"Graph"，如图 3-10 所示。

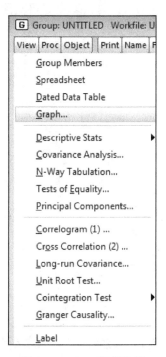

图 3-10 View 菜单选项

在"Specific"中选择"Scatter"，在"Fit Lines"中选择"Regression Line"，单击"OK"，然后通过一系列选项设置坐标轴、图标的大小等，如图 3-11 所示。

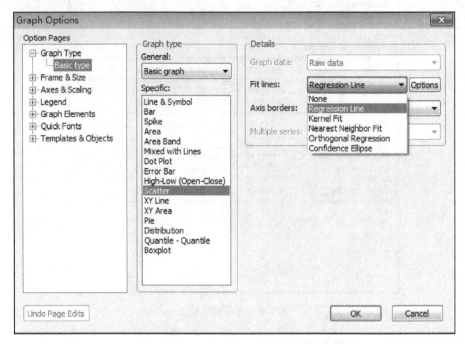

图 3-11   图形功能选项窗口

人均家庭交通及通信支出（CUM）与人均家庭可支配收入（IN），如图 3-12 所示。

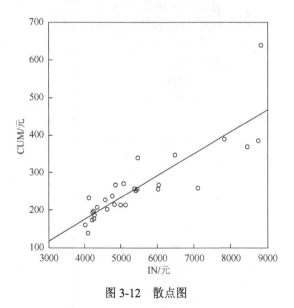

图 3-12   散点图

从图 3-12 可以看出，平均而言，城镇居民人均家庭交通及通信支出随可支配收入的增加而增加。但是，值得注意的是，随着可支配收入增加，交通及通信支出的变动幅度也增大了，可能存在异方差。如果把从回归方程中得到残差对各个观测值做图，可以更加明显地看到这一点。

首先将残差与可支配收入组成一组。选中"RESID"和"IN"，右击"Open"→"as Group"，如图 3-13 所示，然后按照上面说明的过程就可以画出它们的散点图，如图 3-14 所示。

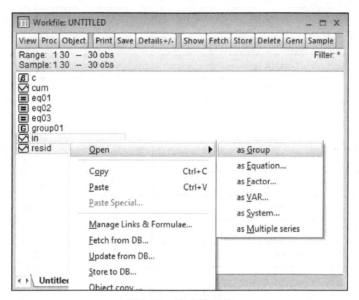

图 3-13　生成数据组

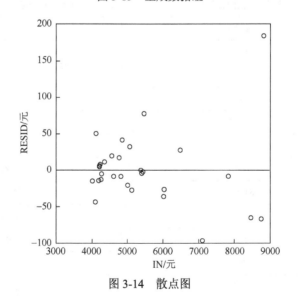

图 3-14　散点图

下面通过如下几种方式来检验及修正异方差。

1. 异方差的检验：G-Q 检验法

对人均家庭可支配收入（IN）按升序排列 30 个观测的横截面数据，并去掉中间湖北、海南、新疆、河北的数据，这样将整个样本分为两个子样本，如表 3-2 和表 3-3 所示。

表 3-2   子样本 1

地区	人均家庭可支配收入 IN/元	人均家庭交通及通信支出 CUM/元
甘肃	4009.61	159.6
山西	4098.73	137.11
宁夏	4112.41	231.51
吉林	4206.64	172.65
河南	4219.42	193.65
陕西	4220.24	191.76
青海	4240.13	197.04
江西	4251.42	176.39
黑龙江	4268.5	185.78
内蒙古	4353.02	206.91
贵州	4565.39	227.21
辽宁	4617.24	201.87
安徽	4770.47	237.16

表 3-3   子样本 2

地区	人均家庭可支配收入 IN/元	人均家庭交通及通信支出 CUM/元
四川	5127.08	212.46
山东	5380.08	255.53
广西	5412.24	252.37
湖南	5434.26	255.79
重庆	5466.57	337.83
江苏	6017.85	255.65
云南	6042.78	266.48
福建	6485.63	346.75
天津	7110.54	258.56
浙江	7836.76	388.79
北京	8471.98	369.54
上海	8773.1	384.49
广东	8839.68	640.56

分别对两个子样本进行最小二乘回归，求各自的残差平方和。

子样本 1：CUM1=−173.687+0.085IN1，其中 RSS1=5611.532，结果如图 3-15 所示。

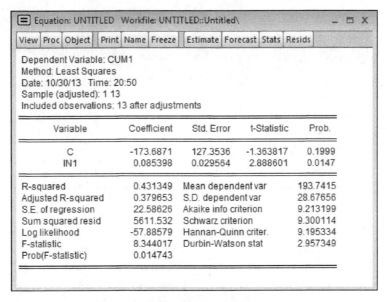

图 3-15　方程输出结果

子样本 2：CUM2=−83.726+0.061IN2，其中 RSS2=61592.4，结果如图 3-16 所示。

Equation: UNTITLED Workfile: UNTITLED::Untitled\

View | Proc | Object | Print | Name | Freeze | Estimate | Forecast | Stats | Resids

Dependent Variable: CUM2
Method: Least Squares
Date: 10/30/13 Time: 20:55
Sample (adjusted): 1 13
Included observations: 13 after adjustments

Variable	Coefficient	Std. Error	t-Statistic	Prob.
C	−83.72602	104.9237	−0.797970	0.4418
IN2	0.061497	0.015475	3.973823	0.0022

R-squared	0.589418	Mean dependent var	324.9846
Adjusted R-squared	0.552093	S.D. dependent var	111.8081
S.E. of regression	74.82853	Akaike info criterion	11.60891
Sum squared resid	61592.40	Schwarz criterion	11.69583
Log likelihood	−73.45794	Hannan-Quinn criter.	11.59105
F-statistic	15.79127	Durbin-Watson stat	1.848119
Prob(F-statistic)	0.002182		

图 3-16　方程输出结果

$F=28.92$，经过查表在 5%的显著水平 $F_{(13, 13)}=2.58$，显然是拒绝同方差的原假设，即原回归存在异方差。

2. 异方差的检验：White 检验

在原方程输出结果的窗口中，单击"View" → "Residual Diagnostics" → "Heteroskedasticity

Tests", 如图 3-17 所示。

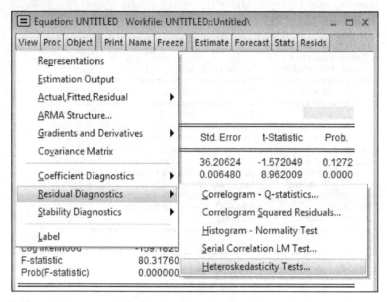

图 3-17　View 子菜单选项

在"Test type"中选择"White", 若想要在辅助回归中包含交叉项, 那么就将"Include White cross terms"勾选。下面分别给出不含交叉项和包含交叉项的 White 检验的输出结果, 操作过程及结果如图 3-18～图 3-21 所示。

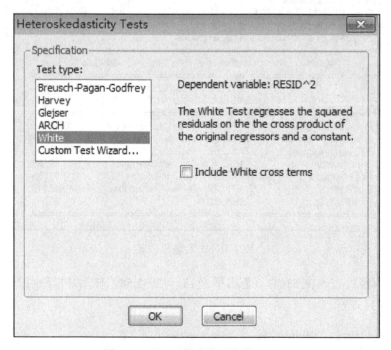

图 3-18　White 检验（不含交叉项）

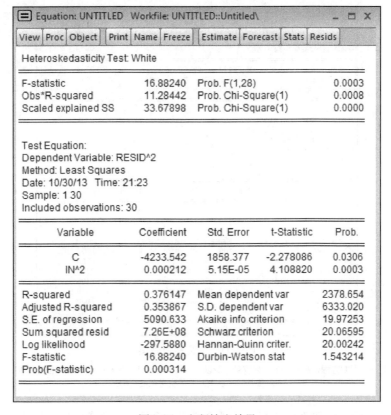

图 3-19　方程输出结果

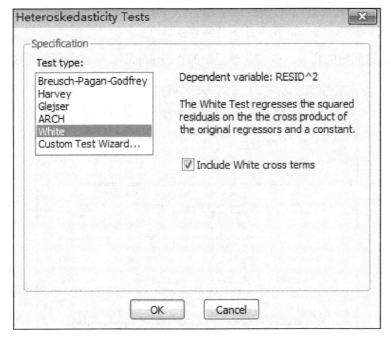

图 3-20　White 检验（包含交叉项）

Equation: UNTITLED Workfile: UNTITLED::Untitled\

View | Proc | Object | Print | Name | Freeze | Estimate | Forecast | Stats | Resids

Heteroskedasticity Test: White

F-statistic	10.54131	Prob. F(2,27)	0.0004
Obs*R-squared	13.15399	Prob. Chi-Square(2)	0.0014
Scaled explained SS	39.25881	Prob. Chi-Square(2)	0.0000

Test Equation:
Dependent Variable: RESID^2
Method: Least Squares
Date: 10/30/13 Time: 21:25
Sample: 1 30
Included observations: 30

Variable	Coefficient	Std. Error	t-Statistic	Prob.
C	26729.58	17977.01	1.486876	0.1486
IN	-10.48220	6.055471	-1.731029	0.0949
IN^2	0.001034	0.000478	2.164976	0.0394

R-squared	0.438466	Mean dependent var	2378.654
Adjusted R-squared	0.396871	S.D. dependent var	6333.020
S.E. of regression	4918.309	Akaike info criterion	19.93396
Sum squared resid	6.53E+08	Schwarz criterion	20.07408
Log likelihood	-296.0093	Hannan-Quinn criter.	19.97878
F-statistic	10.54131	Durbin-Watson stat	1.717850
Prob(F-statistic)	0.000414		

图 3-21 方程输出结果

注：由于是一元回归方程，只有一个解释变量，所以看方程的交叉项不是很明显，这里的交叉项显然是 IN；一般若是二元以上回归的交叉项会更明显

由 *n* 统计量的相伴概率可知，无论是含交叉项和不含交叉项的 White 检验，都是决绝同方差的原假设，即存在异方差。

3. 异方差的修正：White 异方差一致协方差

首先打开原回归的窗口，单击菜单栏中的“Estimate”，输出界面如图 3-22 所示。

Equation: UNTITLED Workfile: UNTITLED::Untitled\

View | Proc | Object | Print | Name | Freeze | Estimate | Forecast | Stats | Resids

Dependent Variable: CUM
Method: Least Squares
Date: 10/30/13 Time: 21:36
Sample: 1 30
Included observations: 30

Variable	Coefficient	Std. Error	t-Statistic	Prob.
C	-56.91798	36.20624	-1.572049	0.1272
IN	0.058075	0.006480	8.962009	0.0000

R-squared	0.741501	Mean dependent var	256.8727
Adjusted R-squared	0.732269	S.D. dependent var	97.56583
S.E. of regression	50.48324	Akaike info criterion	10.74550
Sum squared resid	71359.62	Schwarz criterion	10.83891
Log likelihood	-159.1825	Hannan-Quinn criter.	10.77538
F-statistic	80.31760	Durbin-Watson stat	2.008179
Prob(F-statistic)	0.000000		

图 3-22 方程输出结果

在"Equation Estimation"窗口中单击"Options"，在"Coeffcient covariance matrix"中选择"White"，然后单击"确定"，如图 3-23 所示，得到结果如图 3-24 所示。

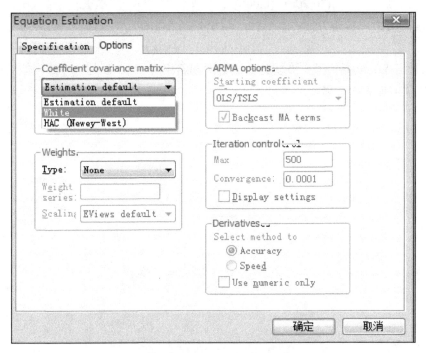

图 3-23　Estimation 选项对话框

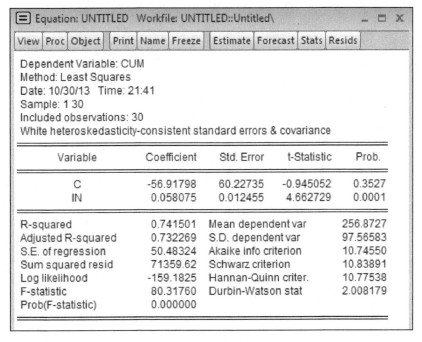

图 3-24　方程输出结果

与以前的 OLS 回归过程相比较，括号内为标准误。

OLS 回归：$\text{CUM} = -56.918 + 0.058\text{IN}$

$\qquad\qquad\qquad (36.206)\quad (0.006)$

White 异方差一致协方差：$\text{CUM} = -56.918 + 0.058\text{IN}$

$\qquad\qquad\qquad\qquad\qquad\qquad (60.227)\quad (0.012)$

可以看出 White 异方差一致协方差给截距和斜率与 OLS 都是一样的，但是标准误相比于 OLS 都增加了约一倍。

第四章 序列相关与AR

> 本章一句话提示：随机误差项的非球形扰动之二。

一、序列相关的定义

古典假定之一是

$$Cov(u_i, u_j) = 0$$

如果该假定不成立，那么称模型的误差项是序列相关的[1]。由于序列相关主要针对时间序列数据，因此，下面把 i 改写为 t，样本容量 N 改写为 T。序列相关图如图4-1所示。

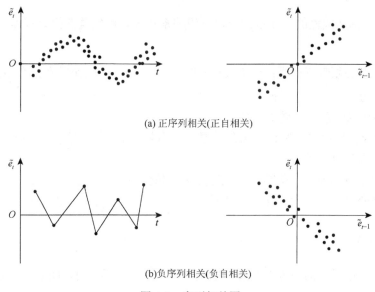

(a) 正序列相关(正自相关)

(b)负序列相关(负自相关)

图4-1 序列相关图

二、序列相关的检验

（一）看残差图

最直观的检验方法就是看"残差 e_i 和 e_{i-1} 的散点图"，或者各阶样本自相关系数的"自相关图"，图示法简单直观但是不严格，其他常用的检验方法如下。

---

[1] 如果基于横截面数据的回归模型其误差项是相关的，则称为空间自相关。

（二）Durbin-Watson 检验

Durbin-Watson 检验（D-W 检验）是用来检验误差项是否存在一阶自相关的常用方法。首先利用 OLS 残差构造检验统计量：

$$DW = \frac{\sum_{t=2}^{T}(\hat{\varepsilon}_t - \hat{\varepsilon}_{t-1})^2}{\sum_{t=1}^{T}\hat{\varepsilon}_t^2} \tag{4-1}$$

显然可得出：

$$DW = \frac{\sum_{t=2}^{T}\hat{\varepsilon}_t^2 + \sum_{t=2}^{T}\hat{\varepsilon}_{t-1}^2 - 2\sum_{t=2}^{T}\hat{\varepsilon}_t\hat{\varepsilon}_{t-1}}{\sum_{t=1}^{T}\hat{\varepsilon}_t^2} \approx 2\left(1 - \frac{\sum_{t=2}^{T}\hat{\varepsilon}_t\hat{\varepsilon}_{t-1}}{\sum_{t=1}^{T}\hat{\varepsilon}_t^2}\right)$$

式中，$\dfrac{\sum_{t=2}^{T}\hat{\varepsilon}_t\hat{\varepsilon}_{t-1}}{\sum_{t=1}^{T}\hat{\varepsilon}_t^2}$ 就是残差的（样本）一阶自相关系数 $\hat{\rho}$，当然其前提是残差均值为零，这意味着初始模型必须带有截距；直观来看 $DW \approx 2(1-\hat{\rho})$，所以如果不存在序列相关，DW 值应该在 2 附近。

DW 检验应该注意的问题如下所示。

（1）该检验仅仅用来判断误差项是否是一阶自相关的。但一阶自相关不存在并不一定意味着不存在高阶自相关。

（2）回归模型必须带有截距项以保证残差均值为零。

（3）解释变量中不能含有滞后因变量。

（三）Durbin-h 检验

当解释变量中含有滞后因变量（可以是一阶或高阶滞后）时，Durbin 发展了如下 LM 统计量：

$$h = \left(1 - \frac{d}{2}\right)\sqrt{\frac{T}{1 - Ts_c^2}} \tag{4-2}$$

式中，T 为样本数；s_c^2 为 OLS 估计中 y_{t-1} 项系数的方差。在不存在序列相关的原假设下，h 统计量渐近地服从标准正态分布。缺陷在于当 $Ts_c^2 > 1$ 时无法计算检验统计量。

（四）Breush-Godfrey LM 检验

Breush-Godfrey LM 检验是由 Breusch 和 Godfrey 提出的，也被称为拉格朗日乘数检验。其克服了 D-W 检验的缺陷，适合于高阶序列相关以及模型中存在滞后被解释变量的情形。

对于模型:

$$y_i = \beta_0 + \beta_1 x_{1i} + \beta_2 x_{2i} + \cdots + \beta_k x_{ki} + u_i \tag{4-3}$$

如果怀疑随机扰动项存在 p 阶序列相关:

$$u_t = \rho_1 u_{t-1} + \rho_2 u_{t-2} \cdots + \rho_p u_{t-p} + \varepsilon_t \tag{4-4}$$

Breush-Godfrey LM 检验可用来检验如下受约束回归方程:

$$y_t = \beta_0 + \beta_1 x_{1t} + \cdots + \beta_k x_{kt} + \rho_1 u_{t-1} + \cdots + \rho_p u_{t-p} + \varepsilon_t \tag{4-5}$$

约束条件如下。

H_0: $\rho_1 = \rho_2 = \cdots = \rho_p = 0$,不存在 p 阶序列相关。

约束条件 H_0 为真时,大样本下:

$$\text{LM} = n, R_0^2 \sim \chi^2(q) \tag{4-6}$$

式中,n 为样本容量;R_0^2 为如下辅助回归的可决系数。

$$\tilde{e}_t = \beta_0 + \beta_1 x_{t1} + \beta_2 x_{t2} + \cdots + \beta_k x_{tk} + \rho_1 \tilde{e}_{t-1} + \cdots + \rho_p \tilde{e}_{t-p} + \varepsilon_t \tag{4-7}$$

给定 α,查临界值 $\chi_\alpha^2(p)$,与 LM 值比较,做出判断,实际检验中,可从 1 阶、2 阶、$\cdots$ 逐次向更高阶检验。

(五)Box-Pierce Q 检验

在原假设 $\rho \neq 0$ 成立的条件下,如果解释变量严格外生,Box-Pierce Q 检验渐近等价于 LM 检验,检验统计量为

$$Q = T \sum_{j=1}^{p} r_j^2 \sim \chi^2(P) \tag{4-8}$$

式中,$r_j = \dfrac{\sum\limits_{t=j+1}^{T} e_t e_{t-j}}{\sum\limits_{i=1}^{T} e_i^2}$。

对于小样本而言,可以采用 Ljung-Box 建议的修正统计量:

$$Q' = T(T-2) \sum_{j=1}^{p} \frac{r_j^2}{T-j} \tag{4-9}$$

Breush-Godfrey LM 检验和 Box-Pierce Q 检验都有较好的检验力,但滞后阶数 q 的确定比较困难。

三、序列相关的修正

(一)广义差分法

设模型为

$$y_t = b_0 + b_1 x_t + u_t \tag{4-10}$$

已知随机项具有一阶自相关形式:$u_t = \rho u_{t-1} + \varepsilon_t$,$\varepsilon_t$ 满足经典线性模型(classical linear model,CLM)假定。

模型的滞后期形式乘以 ρ 得

$$\rho y_{t-1} = \rho b_0 + \rho b_1 x_{t-1} + \rho u_{t-1} \tag{4-11}$$

式（4-10）减式（4-11）得

$$y_t - \rho y_{t-1} = (1-\rho)b_0 + b_1(x_t - \rho x_{t-1}) + \varepsilon_t$$

做差分变化，令

$$\begin{cases} y_t^* = y_t - \rho y_{t-1} \\ x_t^* = x_t - \rho x_{t-1}, \quad t = 2,3,\cdots,n \\ a_0 = (1-\rho)b_0 \end{cases} \tag{4-12}$$

得到一个新的模型 $y_t^* = a_0 + b_1 x_t^* + \varepsilon_t$，此时，$\varepsilon_t$ 满足 CLM 假定，所以可以用 OLS 估计参数值，进而可以求出 $\hat{b}_0 = \dfrac{\hat{a}_0}{1-\rho}$。

在上述变换过程中，损失了一个观测值，为了避免这一损失，令 $y_1^* = y_1\sqrt{1-\rho^2}$，$x_1^* = x_1\sqrt{1-\rho^2}$，将其作为变换后模型的第一组观测值。

（二）杜宾两步法

杜宾两步法与广义差分法的区别是杜宾两步法是在不知道 ρ 值的情况下，先估计出 ρ，再做差分变化。

将模型写为 $y_t = (1-\rho)b_0 + \rho y_{t-1} + b_1 x_t - \rho b_1 x_{t-1} + \varepsilon_t$，用 OLS 法求出 $\hat{\rho}$。

做差分变化，令

$$\begin{cases} y_t^* = y_t - \rho y_{t-1} \\ x_t^* = x_t - \rho x_{t-1}, \quad t = 2,3,\cdots,n \\ a_0 = (1-\rho)b_0 \end{cases} \tag{4-13}$$

得到新模型：

$$y_t^* = a_0 + b_1 x_t^* + \varepsilon_t$$

此时，ε_t 满足 CLM 假定，所以可以用 OLS 估计参数值，进而可以求出 $\hat{b}_0 = \dfrac{\hat{a}_0}{1-\rho}$。

此法在差分变化的过程中也损失了一个观测值，但不再进行补充。

（三）序列相关形式未知的 OLS 稳健性估计

目前对序列相关的处理最常用的方法就是 "OLS+异方差自相关稳健标准差"。即在存在异方差和自相关的情况下也成立的稳健标准差，这种方法也称 "Newey-West 估计法"。它只改变标准差的估计值，所有参数估计和假设检验都可以按照 OLS 进行。Newey-West 估计的具体统计量可以参见书（格林，2011）。目前 EViews 软件已经可以有 Newey-West 的选项，详见例 4-1。STATA 也是可以用的，命令选项为 "newey"。

和 White 异方差稳健标准差假设随机扰动项不存在序列相关相比，Newey-West 估计是更一般的估计量，在存在未知形式的异方差和自相关时仍然是一致的。

（四）引入被解释变量的滞后值——AR 法

在许多情况下，存在序列相关的深层次原因是模型的设定有误，可能遗漏了自相关的解释变量，或是遗漏了被解释变量的滞后值。当遗漏变量或被解释变量的滞后值被纳入随机误差项，就会导致随机误差项的自相关问题。所以，当诊断出时间序列存在序列相关时，可以通过在模型中引入 AR（k）项来进行修正，详见例 4-1。

【例 4-1】 序列相关的诊断和修正。

【目的】 建立一个序列相关的例子，让读者体会应用 D.W.统计量和 LM 检验判定所估计的方程是否存在序列相关，并应用广义差分和 Newey-West 标准误进行修正。

【问题的描述】 考虑按照 1978 年的价格水平核算的 1990～2011 年城镇居民人均可支配收入与城镇居民人均消费支出之间的关系（表 4-1），建立一元回归模型。

表 4-1　1990～2011 年的城镇居民人均可支配收入与城镇居民人均消费支出（以 1978 年的价格水平核算）

年份	城镇居民人均消费支出 Y/元	城镇居民人均可支配收入 X/元
1990	190.9	198.1
1991	211.4	212.4
1992	245.3	232.9
1993	270.8	255.1
1994	282.8	276.8
1995	303.2	290.3
1996	313.6	301.6
1997	320.4	311.9
1998	339.2	329.9
1999	363.0	360.6
2000	391.1	383.7
2001	406.3	416.3
2002	426.2	472.1
2003	456.1	514.6
2004	487.7	554.2
2005	511.8	607.4
2006	552.7	670.7
2007	606.2	752.5
2008	647.9	815.7
2009	706.5	895.4
2010	748.3	965.2
2011	797.8	1046.3

资料来源：《中国统计年鉴（2012）》

【EViews 实现过程】 由于时间序列数据的特殊性，在数据录入时与横截面的数据稍有不同，首先建立一个工作文件，在文件结构类型要选择"Dated-regular frequency"，在"Frequnency"中选择"Annual"，并分别在数据的"Start data"和"End data"中填入"1990"和"2010"，然后单击"OK"，如图 4-2 所示。

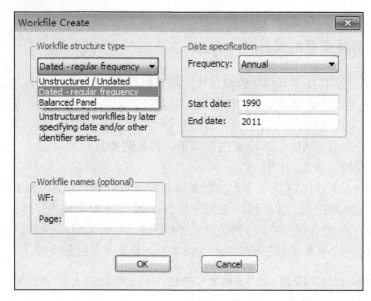

图 4-2　工作文件创建窗口

　　录入数据，在命令窗口中输入"data Y X"，单击"Enter"，将已有的数据复制并粘贴进去，如图 4-3 所示。

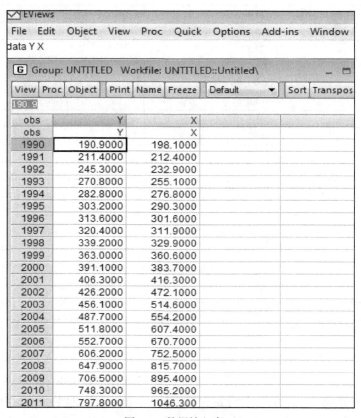

图 4-3　数据输入窗口

建立一元回归模型，这里有两个方式：一是在命令窗口中输入"ls Y C X"，然后单击"Enter"，输出结果如图 4-4 所示。

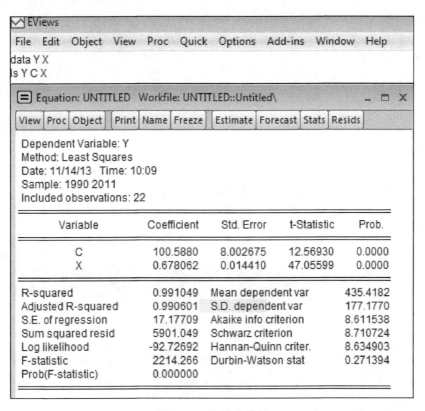

图 4-4   方程输出结果

另外一种方式是在菜单栏单击"Quick"→"Estimate Equation"，再在"Specification"中输入"Y C X"，并在"Method"中选择"LS-Least Squares（NLS and ARMA）"，最后单击"确定"，并输出结果，如图 4-5～图 4-7 所示。

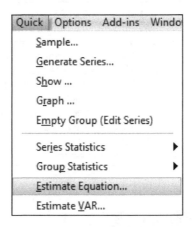

图 4-5   Quick 菜单选项

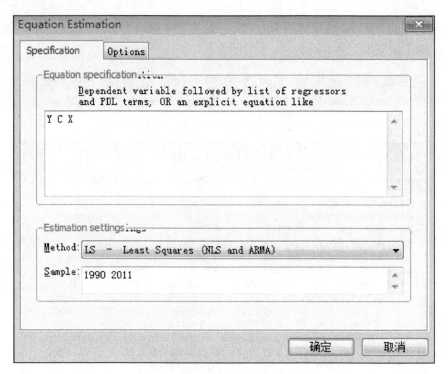

图 4-6　列表法设定方程形式窗口

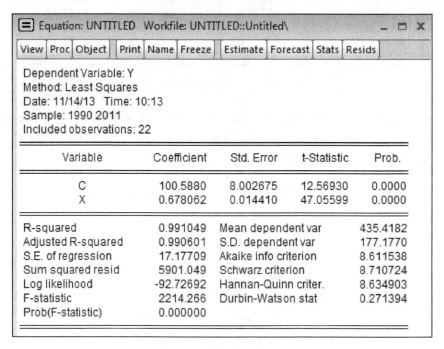

图 4-7　方程输出结果

根据估计结果，可以得到如下的回归方程：

$$Y = 100.588 + 0.678X$$

下面通过如下几种方式来检测和修正建立的模型。

1. 序列相关的检测：散点图

建立残差与时间T的散点图。

首先在 EViews 中定义残差序列，在命令窗口中输入"genr U1=RESID"，然后单击"Enter"，通过这样的方式将估计的一元回归模型得到的残差定义为"U1"；在命令窗口中输入"data T"后将时间数据录入，如图4-8和图4-9所示。

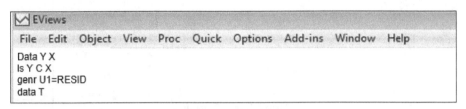

图 4-8　命令输入窗口

Series: T Workfile: UNTITLED::Untitled\				
		T		
	Last updated: 11/14/13 - 10:34			
	Modified: 1990 2011 // t=@trend			
	Modified: 1990 2011 // t=@trend			
1990	1990.000			
1991	1991.000			
1992	1992.000			
1993	1993.000			
1994	1994.000			
1995	1995.000			
1996	1996.000			
1997	1997.000			
1998	1998.000			
1999	1999.000			
2000	2000.000			
2001	2001.000			
2002	2002.000			
2003	2003.000			
2004	2004.000			
2005	2005.000			
2006	2006.000			
2007	2007.000			
2008	2008.000			
2009	2009.000			
2010	2010.000			
2011	2011.000			

图 4-9　数据输入窗口

同时单击 *T* 和 *U*1 序列，选择"Open"→"as Group"，将它们设定为一个组，如图 4-10 所示。

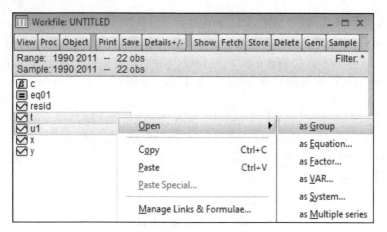

图 4-10   生成数据组

打开"Group"以后单击"Graph Options"，在"Specific"中选择"Scatter"，在"Fit lines"选择"Regression Line"，如图 4-11 所示，单击"OK"，建立一个带有回归线的散点图，如图 4-12 所示。

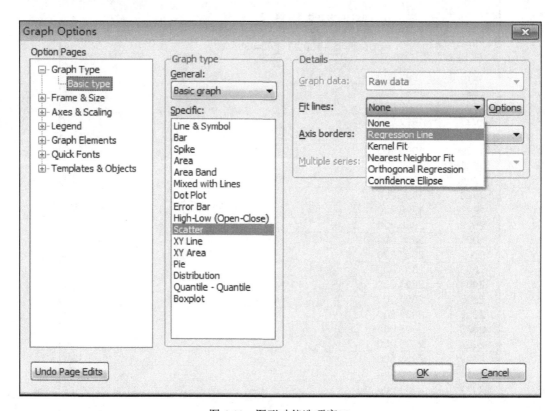

图 4-11   图形功能选项窗口

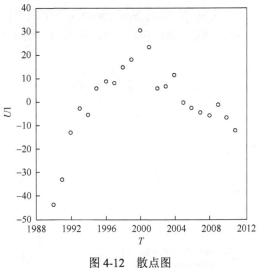

图 4-12　散点图

观察上面的散点图发现，估计一元回归得到的残差 $U1$ 与时间 T 之间呈现出很明显的相关性。建立残差 $U1$ 与滞后一期残差 $U2$ 的散点图，方法如下所示。

在命令窗口中输入 "genr U2=RESID（-1）" 后单击 "Enter"，这样所生成的 $U2$ 序列就代表了滞后一期的残差。同样将 $U1$ 与 $U2$ 作为一个组打开后建立散点图（图 4-13），过程与上述一样。

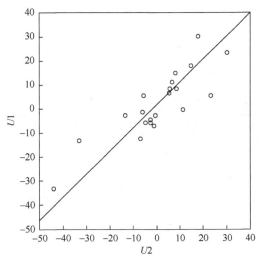

图 4-13　散点图

可以发现残差 $U1$ 与滞后一期的残差 $U2$ 之间存在明显的正相关关系。

D.W.统计量：可以看出估计出方程的 D.W.统计量为 0.271394，样本 $n=22$，通过查表在 5%的显著水平上且有一个解释变量（不包含截距项）的情况下，$d_1=1.24$，显然有 D.W.$<d_2$，即存在正自相关。

LM 检验：在估计方程输出结果的窗口下，单击 "View" → "Residual Diagnostics" →

"Serial Correlation LM Test"，然后在"Lag Specification"填入"1"，并单击"OK"，即从残差一阶序列相关开始判断，并得出输出结果，如图 4-14～图 4-16 所示。

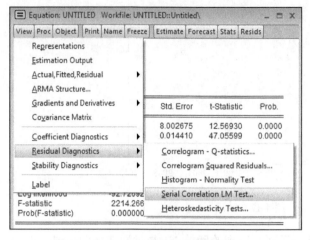

图 4-14　LM 检验子菜单

图 4-15　滞后阶数设定

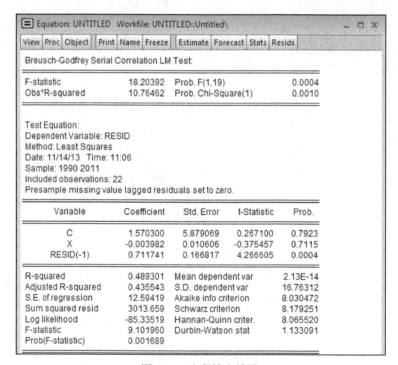

图 4-16　方程输出结果

辅助回归为

$$RESID = 1.570 - 0.004X + 0.712RESID(-1)$$
$$(0.792)\ (0.712)\qquad (0.0004)$$

可以发现统计量的 P 值为 0.001，小于 5%的显著水平，即拒绝不在序列相关的原假设，说明原方程存在序列相关。

看一下是否存在二阶序列相关，按照上面所述的相同程序，在滞后阶数的设定上输入"2"，如图 4-17 所示。单击"OK"，输出结果如图 4-18 所示。

图 4-17　滞后阶数设定

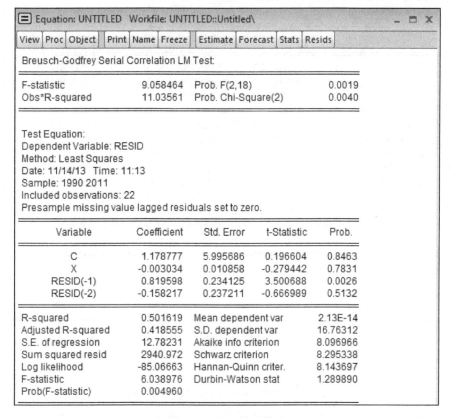

图 4-18　方程输出结果

辅助回归为
$$RESID = 1.179 - 0.003X + 0.82RESID(-1) - 0.158RESID(-2)$$
$$(0.846)\quad(0.783)\qquad(0.003)\qquad\qquad(0.513)$$

现在统计量的 P 值为 0.004，小于 5%的显著水平，结论仍是原回归存在着序列相关。但是通过辅助回归发现 RESID（-2）并不显著，说明原回归存在着一阶序列相关。

2. 序列相关的修正：广义差分法

由上述的 LM 检验过程可知，原回归存在一阶序列相关。下面采用广义差分法来修正序列相关问题。在命令窗口中输入"ls Y C X AR（1）"后单击"Enter"，得到结果如图 4-19 所示。

```
Equation: UNTITLED   Workfile: UNTITLED::Untitled\        _ □ X

View Proc Object  Print Name Freeze  Estimate Forecast Stats Resids

Dependent Variable: Y
Method: Least Squares
Date: 11/14/13  Time: 11:30
Sample (adjusted): 1991 2011
Included observations: 21 after adjustments
Convergence achieved after 6 iterations

     Variable      Coefficient   Std. Error    t-Statistic    Prob.

         C          134.4848     15.94281      8.435450     0.0000
         X          0.633163     0.020257      31.25718     0.0000
       AR(1)        0.730089     0.084845      8.604967     0.0000

R-squared            0.998754    Mean dependent var      447.0619
Adjusted R-squared   0.998616    S.D. dependent var      172.7121
S.E. of regression   6.425257    Akaike info criterion   6.689914
Sum squared resid    743.1107    Schwarz criterion       6.839131
Log likelihood      -67.24410    Hannan-Quinn criter.    6.722298
F-statistic          7216.445    Durbin-Watson stat      2.168576
Prob(F-statistic)    0.000000

Inverted AR Roots     .73
```

图 4-19　方程输出结果

估计的方程为

$$Y = 134.485 + 0.633 + [AR(1) = 0.730]$$

先看 D.W.统计量为 2.169，样本 $n=21$，在 5%的显著水平且有一个解释变量（不包含截距项）的情况下，$d_L=1.22$，$d_U=1.42$，此时有 $d_U<D.W.<4-d_U$，说明现在已经不存在一阶序列相关的问题，通过 LM 检验结论也是一样的。

3. 序列相关的修正：Newey-West 标准误

针对原回归方程出现一阶序列相关的情况，现在采用 Newey-West 标准误的方法来修正，在原回归方程窗口下选择"Estimate"，得到结果如图 4-20 所示。

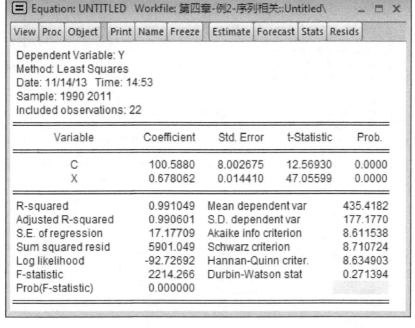

图 4-20 方程输出结果

在"Equation Estimation"窗口中单击"Options",在"Coefficient covariance matrix"选项的下拉框中选择"HAC（Newey-West）",最后单击"确定",如图 4-21 所示,得到结果如图 4-22 所示。

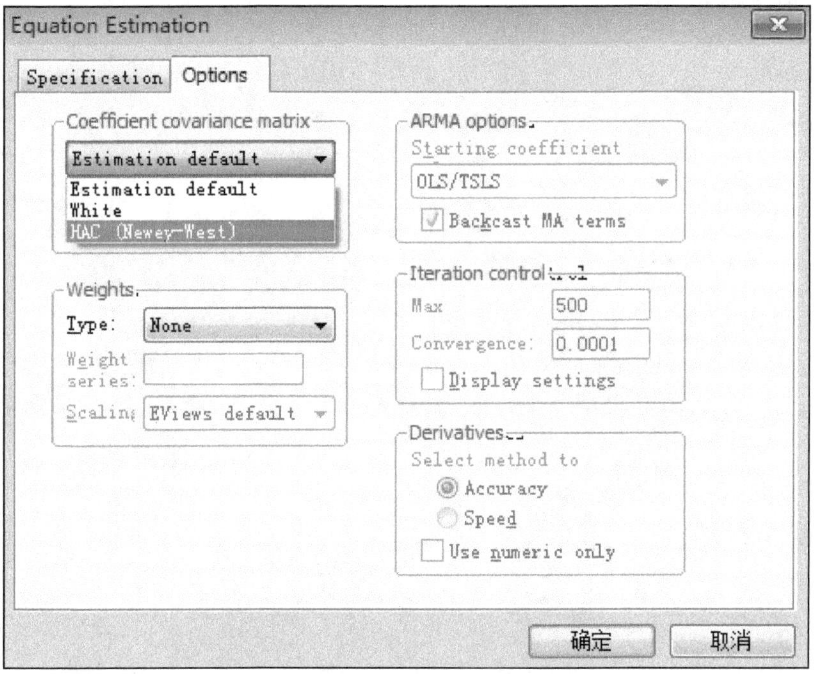

图 4-21 Newey-West 选项对话框

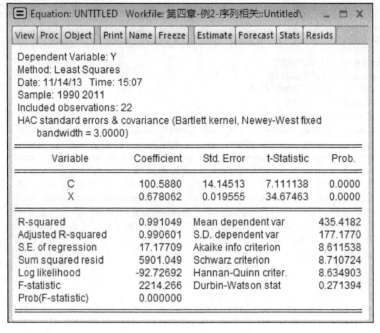

图 4-22　方程输出结果

$$Y = 100.588 + 0.678X$$

$$(7.111) \quad (34.675)$$

在 Newey-West 标准误方法下估计的回归方程与原回归相比，系数没有改变，仅仅是标准误和 t 值发生了变化。

第五章　内生解释变量

OLS 能够成立的重要条件是假设解释变量与扰动项不相关，否则 OLS 估计量是不一致的。在实际的问题中，假设解释变量与扰动项不相关的条件确是不容易满足的，即变量的内生性问题总是不可避免的。可以说，内生性问题是在实际应用中最经常遇到的问题，解决方法主要就是工具变量法。

解释变量的外生性假设为

$$\text{Cov}(X,u) = E(Xu) = E(X)E(u) = 0 \tag{5-1}$$

若 X 与 u 相关，则 X 就是内生解释变量。

一、引起内生性的原因及其对参数估计的影响

1. 模型设定偏误（遗漏变量）

模型设定偏误（遗漏变量）主要是因为实际的问题中，一个变量往往受到许多变量的影响，在实际建模过程中无法将解释变量全部列出。在这样的情况下，遗漏变量的影响就被纳入了误差项中，在该遗漏变量与其他解释变量相关的情况下，就引起了内生性问题。即 $E(X'\varepsilon) \neq 0$。

2. 测量误差

关于测量误差引起内生性的问题要基于测量误差的假设。测量误差可能是对被解释变量 Y 的测量误差，也可能是由于对解释变量 X 的测量误差。这两种情况引发的结果是不一样的。

（1）被解释变量 Y 的测量误差。

不妨假设 Y 的真实值是 Y^*，测量值为 Y，则可以将测量误差表示成：$e_0 = Y - Y^*$。假设理论的回归方程为

$$Y^* = \beta_0 + \beta_1 x_1 + \cdots + \beta_k x_k + \varepsilon \tag{5-2}$$

将测量误差方程代入得

$$\begin{aligned} Y &= \beta_0 + \beta_1 x_1 + \cdots + \beta_k x_k + \varepsilon + e_0 \\ &= \beta_0 + \beta_1 x_1 + \cdots + \beta_k x_k + v \end{aligned} \tag{5-3}$$

式中，$v = \varepsilon + e_0$ 是实际回归方程的残差。显然，由于 Y 的测量误差 e_0 是与 x_i 相互独立的，所以实际回归方程的残差 v 也与各解释变量相互独立（无关）。外生性条件满足。

（2）解释变量 X 的测量误差。

假设在回归式 $Y = \beta_0 + \beta_1 x_1 + \cdots + \beta_k x_k + \varepsilon$ 中，测量误差产生于 x_k，即实际回归式为

$$Y = \beta_0 + \beta_1 x_1 + \cdots + \beta_k x_k^* + \varepsilon \tag{5-4}$$

并有

$$e_k = x_k - x_k^*$$

如果假设 $\mathrm{Cov}(x_k, e_k) = 0$，则将测量误差代入方程得

$$Y = \beta_0 + \beta_1 x_1 + \cdots + \beta_k x_k + \varepsilon + \beta_k e_k = \beta_0 + \beta_1 x_1 + \cdots + \beta_k x_k + v \tag{5-5}$$

显然，外生性条件满足。

如果假设 $\mathrm{Cov}(x_k^*, e_k) = 0 \Rightarrow \mathrm{Cov}(x_k, e_k) = \mathrm{Cov}(x_k^* + e_k, e_k) = \sigma_e^2$。该假设条件称为 CEV（classical error-in-variables）假定。

由上述方程可以看出，此时测量误差会引起内生性问题。

3. 双向交互影响（或者同时受其他变量的影响）

这种情况引起的内生性问题在现实中最为常见。其基本的原理可以阐述为被解释变量 Y 和解释变量 X 之间存在一个交互影响的过程。X 的数值大小会引起 Y 取值的变换，但同时 Y 的变换又会反过来对 X 构成影响。这样，在如下的回归方程中：

$$Y = \beta_0 + \beta_1 x_1 + \cdots + \beta_k x_k + \varepsilon \tag{5-6}$$

如果残差项 ε 的冲击影响了 Y 的取值，而这样的影响会通过 Y 传导到 X 上，从而造成了 X 和残差项 ε 的相关，也就是引起了内生性问题。

经常遇到的例子有：金融发展与经济增长；外商直接投资 FDI 与经济增长；犯罪率与警备投入。

在本章中，对内生性问题采用工具变量法（instrumental variables，IV）来解决一个或多个解释变量的内生性问题。就应用计量经济学中线性方程的估计而言，两阶段最小二乘法（two-stage least squares，2SLS 或 TSLS）的使用仅次于 OLS 估计。

二、对内生性的检验

（一）Hausman 检验[①]

使用工具变量的前提是存在内生解释变量，那么，如何从统计上检验某个解释变量是否是内生变量？理论上是直接检验解释变量与扰动项的相关性，但由于扰动项不可观测，这一方法的适应性有局限。一种可行的方法是 Hausman 检验，其基本思路为：提出原假设 H_0，所有解释变量与扰动项不相关。若 H_0 成立，则 OLS 与 IV 都是一致的，即在大样本下，$\hat{\beta}_{\mathrm{IV}} - \hat{\beta}_{\mathrm{OLS}}$ 依概率收敛于 0；反之 $\hat{\beta}_{\mathrm{IV}} - \hat{\beta}_{\mathrm{OLS}}$ 就不会依概率收敛于 0。Hausman 检验的思想就是，如果（$\hat{\beta}_{\mathrm{IV}} - \hat{\beta}_{\mathrm{OLS}}$）的差距很大，就倾向于拒绝 H_0。构造的检验统计量为

$$W = (\hat{\beta}_{\mathrm{IV}} - \hat{\beta}_{\mathrm{OLS}})' \hat{\Sigma}^{-1} (\hat{\beta}_{\mathrm{IV}} - \hat{\beta}_{\mathrm{OLS}}) \tag{5-7}$$

式中，$\hat{\Sigma}^{-1} = \mathrm{Var}(\hat{\beta}_{\mathrm{IV}} - \hat{\beta}_{\mathrm{OLS}})$。

[①] Hausman 检验也用于面板数据中判断使用固定效应还是随机效应，详见本书第 11 章面板数据。

在原假设 H_0 成立的条件下，统计量 W 服从自由度为 k 的 χ^2 分布，k 为模型中变量的个数。

在 STATA 中，可以直接运用命令"Hausman iv ols，constant sigmamore"来实现。

Hausman 检验的缺点是不适用于存在异方差的情形，解决的方法之一是通过自助法"Bootstrap"，即计算机模拟再抽样来实现稳健的 Hausman 检验。具体方法详见文献（陈强，2010）。另一种检验方法是 Durbin-Wu-Hausman 检验。

（二）Durbin-Wu-Hausman 检验

Durbin-Wu-Hausman 检验可以适用于存在异方差的情形。其检验过程分为两个阶段。

第一阶段：用内生解释变量对工具变量做回归，即 X 对 Z 做 OLS 回归 $X = Z\Pi + v$；得到扰动项的估计 $\hat{v}$。

第二阶段：检验第一阶段回归的扰动项 $\hat{v}$ 与原模型的扰动项是否相关，如果相关说明是内生解释变量；反之不是。

如果存在多个内生解释变量，则在第一阶段回归中会得到多个扰动项 $\hat{v}$ 的估计值，然后进行第二阶段的检验。

具体步骤如下所示。

假设如下回归模型：

$$y_i = \beta_0 + \beta_1 x_i + \beta_2 z_{i1} + u_i \tag{5-8}$$

式中，z_1 是外生变量，怀疑 X 是内生变量，则需要寻找一个外生变量 z_2 作为工具变量对原模型式（5-8）进行 IV 估计，将 IV 估计结果与 OLS 的估计结果对比，看差异是否显著。

第一步，将怀疑是内生变量的 X 与外生变量 z_1、z_2 做 OLS，得辅助回归方程：

$$x_i = \alpha_0 + a_1 z_{i1} + \alpha_2 z_{i2} + v_i \tag{5-9}$$

估计辅助回归式（5-9）的目的是得到残差项的估计 $\hat{v}_i$。

第二步，将 $\hat{v}_i$ 加入式（5-8）做 OLS，得

$$y_i = \beta_0 + \beta_1 x_i + \beta_2 z_{i1} + \delta \hat{v}_i + \varepsilon_i \tag{5-10}$$

如果 $\hat{v}_i$ 前面的系数 δ 显著为零，则表明式（5-9）的随机干扰项 v 与 X 同期无关，进而与式（5-8）的随机干扰项 u 同期无关，因此，u 与 X 同期无关，所以 X 是外生变量。

在 EViews 中可以按照以上步骤做检验，详见本章例 5-1。

三、IV 估计法

（一）IV 的定义

在如下模型中：

$$Y = X\beta + u \tag{5-11}$$

第 i 个解释变量 x_i 为内生解释变量。如果存在工具变量 Z，Z 满足如下两个条件时被称作 x_i 的有效的工具变量。

（1）外生条件：Z 与 u 不相关，即 $\mathrm{Cov}(z, u)=0$。

（2）相关条件：Z 与 X 相关，即 $\text{Cov}(Z, x_i) \neq 0$，也称为识别约束条件。

（二）IV 估计法过程

设回归模型为

$$Y = X\beta + u \tag{5-12}$$

式中，解释变量为 X（$1 \times K$）；工具变量为 Z（$1 \times K$）。Z 作为工具变量满足正交条件和识别约束条件。在正规方程组 $X'(Y - X\hat{\beta}) = 0$ 中，用 Z 替换 X：

$$Z'(Y - X\hat{\beta}) = 0 \tag{5-13}$$

解此方程组，可得 IV 估计量为

$$\hat{\beta} = (Z'X)^{-1}Z'Y \tag{5-14}$$

将 $Y = X\beta + u$ 代入估计量中，可得

$$\hat{\beta} = (Z'X)^{-1}Z'(X\beta + u) = \beta + (Z'X)^{-1}Z'u \tag{5-15}$$

可以证明：

$$E(\hat{\beta}) = \beta + (Z'X)^{-1}Z'E(u) = \beta$$

$$\begin{aligned}
\text{Var}(\hat{\beta}) &= E[(Z'X)^{-1}Z'uu'Z(X'Z)^{-1}] \\
&= \sigma^2 (Z'X)^{-1}Z'Z(X'Z)^{-1} \neq \sigma^2 (X'X)^{-1}
\end{aligned}$$

即 IV 估计量是无偏的，但不是有效的。同时，由

$$\text{Plim}_{n \to \infty}(\hat{\beta}) = \beta + \text{Plim}_{n \to \infty}[(N^{-1}Z'X)^{-1}(N^{-1}Z'u)]$$

$$\text{Plim}_{n \to \infty}(N^{-1}Z'X)^{-1} = A$$

$$\text{Plim}_{n \to \infty}(N^{-1}Z'u) = E(Z_i u_i) = 0$$

可知，IV 估计量是一致的。

（三）IV 估计的实现

1. 两阶段最小二乘法

传统的 IV 一般是通过 2SLS 或 TSLS 来实现，直观地讲就是通过两个回归来完成。

第一阶段的回归：用内生解释变量对工具变量做回归，即 X 对 Z 做 OLS 回归 $X = Z\Pi + v$；提取拟合值 $\hat{X}$。

第二阶段的回归：用被解释变量对第一阶段的回归的拟合值做回归，即 Y 对 $\hat{X}$ 做 OLS 回归，简单讲就是在原模型中用 $\hat{X}$ 替换 X，直接做 OLS 回归。

推导过程如下所示。

设模型为

$$Y = X\beta + u \tag{5-16}$$

式中，解释变量为 X（$1 \times K$）；工具变量为 Z（$1 \times L$）。用 Z 作为工具变量，Z 满足正交条件和识别约束条件。首先回归模型：

$$X = Z\Pi + v \tag{5-17}$$

可得 $\hat{\Pi} = (Z'Z)^{-1}ZX$，并提取拟合值 $\hat{X} = Z\hat{\Pi} = Z(Z'Z)^{-1}ZX$。令 $P_Z = Z(Z'Z)^{-1}Z'$，P_Z 为对称幂等矩阵，则 $\hat{X} = P_Z X$。然后，利用 $\hat{X}$ 作为工具变量回归模型，可得 IV 估计量为

$$\hat{\beta} = (\hat{X}'X)^{-1}\hat{X}'Y = (X'P_Z X)^{-1}(X'P_Z Y) \tag{5-18}$$

而

$$\hat{X}'X = X'P_Z X = X'P_Z'P_Z X = (P_Z X)'P_Z X = \hat{X}'\hat{X} \tag{5-19}$$

由此可得

$$\hat{\beta} = (\hat{X}'X)^{-1}\hat{X}'Y = (\hat{X}'\hat{X})^{-1}\hat{X}'Y \tag{5-20}$$

而 $(\hat{X}'\hat{X})^{-1}\hat{X}'Y$ 是 Y 对 $\hat{X}$ 的 OLS 回归估计量。因此，利用 $\hat{X}$ 作为工具变量做 IV 回归与利用 $\hat{X}$ 替换 X 做 LS 回归是等价的，所以称为 2SLS。

2. 广义矩估计法

在球形扰动下，TSLS 是最有效率的方法。但是如果存在异方差或自相关，则应该使用 GMM 法来得到更有效的参数估计。

（1）矩估计。

参数的矩估计就是用样本矩去估计总体矩。

例如：用样本的一阶原点矩作为期望的估计量，用样本的二阶中心矩作为方差的估计量，从样本观测值计算样本一阶（原点）矩和二阶（原点）矩，然后去估计总体一阶矩和总体二阶矩，再进一步计算总体参数（期望和方差）的估计量。

若模型的设定正确，则存在一些为 0 的条件矩。矩估计的基本思想是利用矩条件估计模型参数。对于多元回归模型：

$$y_i = \beta_0 + \beta_1 x_{i1} + \beta_2 x_{i2} + \cdots + \beta_k x_{ik} + u_i, \quad i = 1, 2, \cdots, n \tag{5-21}$$

存在一组矩条件：$E(X'u) = 0$，对应的样本矩为

$$\sum_{i=1}^{n} x_{ji} u_i = 0, \quad j = 0, 1, 2, \cdots, k \tag{5-22}$$

由此得到一组矩条件，等同于 OLS 估计的正规方程组，解此方程组就得到参数 β 的估计值。在满足基本假设的情况下，矩估计的参数 β 与 OLS 估计、MLE 一样具有线性、无偏性、有效性。矩估计是 IV 法和 GMM 法的基础。

（2）广义矩估计。

在矩估计中关键就是利用了基本假设 $E(X'u) = 0$ 作为总体矩条件。如果某个解释变量与扰动项相关，只要能找到 1 个工具变量，就可以组成一组矩条件，这就是 IV 法。如果存在大于 $k+1$ 个变量与扰动项不相关，就可以构成一组包含大于 $k+1$ 个方程的矩条件，这就是 GMM 法。GMM 法具体理论和推导请参见相关高级计量经济学教材。

【例 5-1】 内生解释变量：TSLS 法和 Hausman 检验。

【目的】 通过一个多元回归的例子让读者熟悉 Hausman 检验和 TSLS，即内生解释变量的检测与修正。

【问题的描述】 由于消费惯性的存在，城镇居民的消费水平不仅由当期收入水平决定，

还由上一期的消费水平决定，在表 5-1 中给出 2011 年和 2010 年部分地区城镇居民消费水平与收入水平，已用 CPI 调整到 1978 年价格水平。

表 5-1　2011 年和 2010 年部分地区城镇居民收入与消费水平

地区	2011 年部分地区城镇居民消费水平 Y	2011 年部分地区城镇居民收入水平 X	2010 年部分地区城镇居民消费水平 Y1	2010 年部分地区城镇居民收入水平 Z
北京	4950.1	5422.4	4697.4	5044.8
天津	3849.7	4436.5	3551.3	4215.3
河北	2526.5	3014.5	2363.2	2822.0
山西	2316.2	2986.8	2130.7	2715.2
内蒙古	3130.6	3363.1	2902.7	3071.0
辽宁	3388.3	3372.9	3034.7	3073.5
吉林	2439.7	2932.9	2261.3	2674.2
黑龙江	2364.3	2586.7	2152.0	2404.4
上海	6189.4	5970.7	6001.7	5524.6
江苏	3559.3	4340.9	3165.5	3981.3
浙江	4425.9	5103.9	4099.3	4747.4
安徽	2459.3	3066.3	2300.7	2739.6
福建	3256.7	4104.7	3109.5	3779.5
江西	2312.0	2883.1	2185.1	2686.3
山东	3293.3	3756.1	3075.8	3461.0
河南	2573.4	2998.5	2422.0	2764.2
湖北	2626.1	3028.0	2355.7	2786.5
湖南	2765.8	3105.5	2552.0	2874.5
广东	4206.8	4432.7	4079.6	4146.8
广西	2584.3	3107.1	2423.9	2960.9
海南	2187.2	3027.2	1972.1	2703.6
重庆	2961.9	3337.1	2647.9	3042.2
四川	2585.3	2949.8	2335.1	2682.8
贵州	2286.9	2718.4	2120.6	2454.1
云南	2383.6	3061.2	2190.5	2787.5
西藏	1877.6	2669.0	1826.0	2599.4
陕西	2672.0	3006.8	2425.3	2723.4
甘肃	2237.0	2470.1	2061.6	2288.5
青海	2199.8	2571.4	2061.1	2404.1
宁夏	2807.8	2897.0	2557.5	2662.6
新疆	2416.4	2556.6	2166.6	2367.5

资料来源：《中国统计年鉴（2012）》，《中国统计年鉴（2011）》

建立如下的多元回归模型：$Y=\alpha+\beta X$，其中 Y 代表 2011 年部分地区城镇居民消费水平，X 代表 2011 年部分地区城镇居民收入水平，$Y1$ 代表 2010 年部分地区城镇居民消费水平，Z 代表 2010 年部分地区城镇居民收入水平。考虑到城镇居民消费水平 Y 由当年城镇居民收入水平 X 决定的同时，当期消费水平 Y 也可以反过来影响当期收入水平 X，因而那些在模型没有明确列出被归入到随机干扰项中的因素很有可能对当期收入水平 X 造成影响，因此当期收入水平 X 与随机干扰项之间可能会出现同期相关的情况。对于 2010 年部分地区城镇居民消费水平会影响 2011 年部分地区城镇居民消费水平 Y，但 Y 不会反过来影响 2010 年部分地区城镇居民消费水平。因此为同期外生变量。

下面应用 Hausman 检验来判定 2011 年部分地区城镇居民收入水平 X 是否确实为内生变量。

选择前一年的 2010 年部分地区城镇居民收入水平 Z 为 X 的工具变量，显然 2010 年部分地区城镇居民收入水平 Z 与 2011 年部分地区城镇居民收入水平 X 之间有较强的相关性，但由于 2011 年部分地区城镇居民的消费支出 Y 不会影响前一年部分地区城镇居民收入水平 Z，因此 Z 与随机干扰项之间不存在同期相关性。

在 EViews 中建立工作文件录入数据后（图 5-1），得到结果如图 5-2 所示。

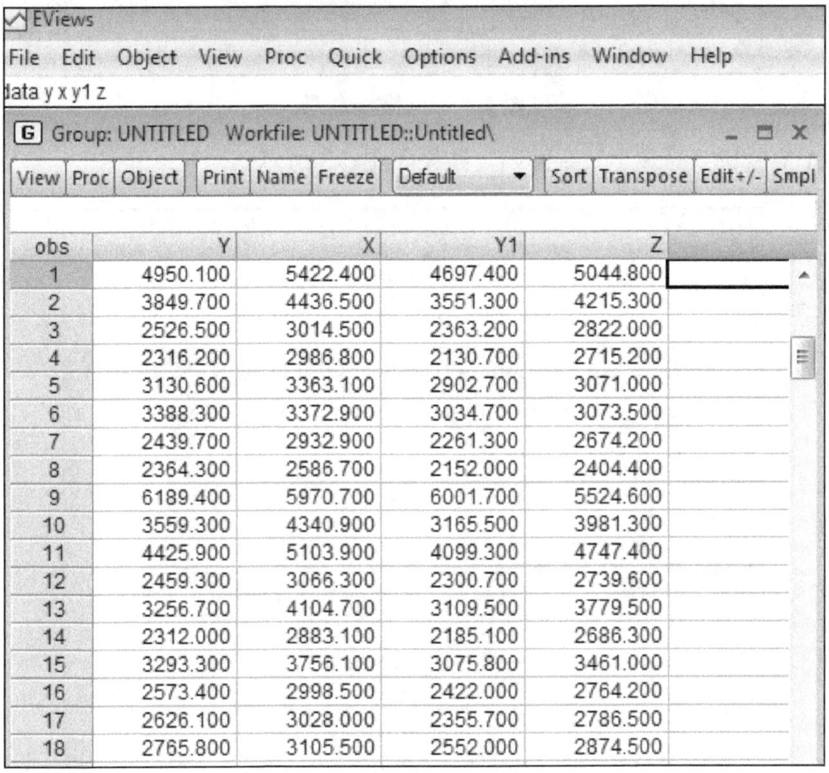

obs	Y	X	Y1	Z
1	4950.100	5422.400	4697.400	5044.800
2	3849.700	4436.500	3551.300	4215.300
3	2526.500	3014.500	2363.200	2822.000
4	2316.200	2986.800	2130.700	2715.200
5	3130.600	3363.100	2902.700	3071.000
6	3388.300	3372.900	3034.700	3073.500
7	2439.700	2932.900	2261.300	2674.200
8	2364.300	2586.700	2152.000	2404.400
9	6189.400	5970.700	6001.700	5524.600
10	3559.300	4340.900	3165.500	3981.300
11	4425.900	5103.900	4099.300	4747.400
12	2459.300	3066.300	2300.700	2739.600
13	3256.700	4104.700	3109.500	3779.500
14	2312.000	2883.100	2185.100	2686.300
15	3293.300	3756.100	3075.800	3461.000
16	2573.400	2998.500	2422.000	2764.200
17	2626.100	3028.000	2355.700	2786.500
18	2765.800	3105.500	2552.000	2874.500

图 5-1　数据输入窗口

首先建立原回归方程：

$$Y=96.182+0.069X+0.957Y1$$
$$(1.581)\quad(1.287)\quad(18.452)$$

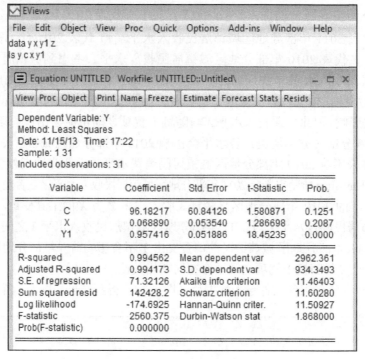

图 5-2   方程输出结果

然后将 X 做和 Z 的最小二乘回归，结果如图 5-3 所示。

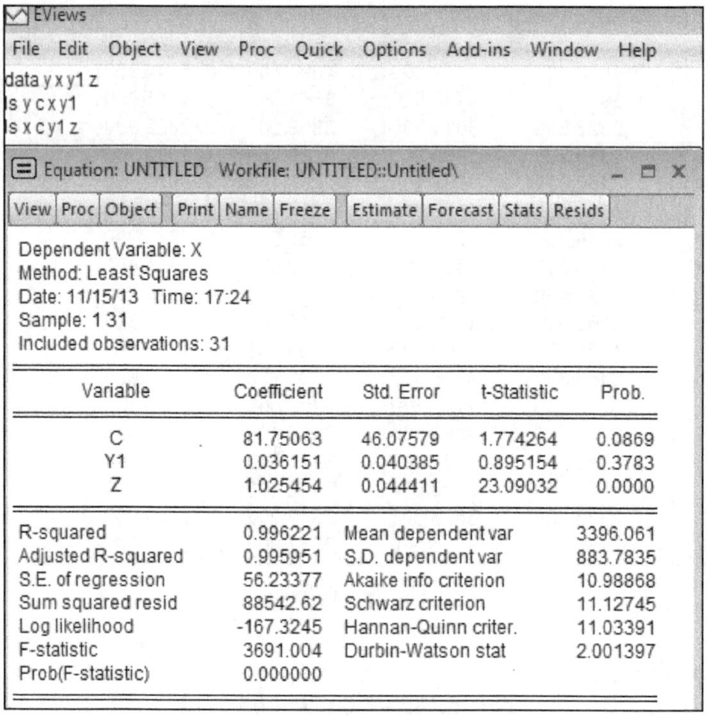

图 5-3   方程输出结果

得到如下的回归方程：

$$X = 81.751 + 0.036Y1 + 1.025Z$$
$$(1.774) \quad (0.895) \quad (23.090)$$

将上述回归方程的残差序列定义为 V，即在命令窗口中输入"genr V=RESID"，并将 V 加入到原回归中重新估计，在命令窗口中输入"ls Y C X Y1 Z"回归估计方程如下，输出结果如图 5-4 所示。

$$Y = 115.21 + 0.046X + 0.979Y1 + 0.457V$$
$$(1.959) \quad (0.880) \quad (19.320) \quad (1.950)$$

发现在 10%的显著水平上 V 是显著，说明 X 在原回归方程中是内生变量。

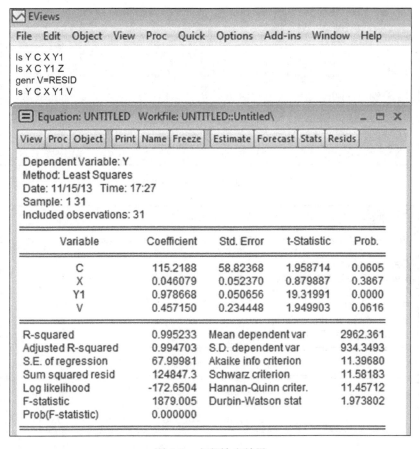

图 5-4　方程输出结果

将 2010 年部分地区城镇居民收入水平 Z 作为 X 的工具变量，下面运用 TSLS 对原回归再次进行估计，打开原回归的估计窗口点击菜单栏的"Estimate"，在"Method"中选择"TSLS-Two-Stage Least Squares（TSNLS and ARMA）"。在"Equation specification"中输入"Y C X Y1"，在"Instrument list"中输入"C Z Y1"，单击"确定"，如图 5-5 所示，输出结果如图 5-6 所示。同样的操作方法也可得到 OLS 估计结果如图 5-7 所示。

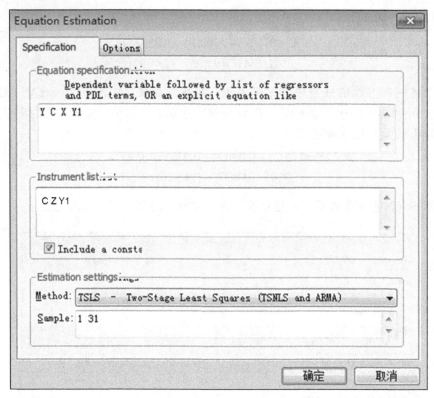

图 5-5　列表法设定方程形式窗口

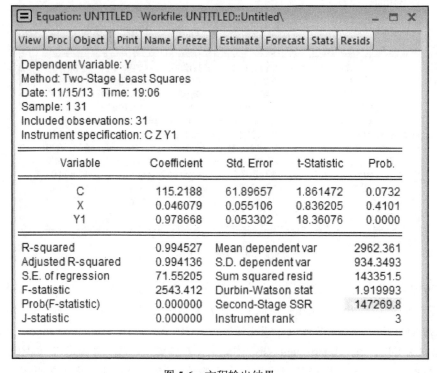

图 5-6　方程输出结果

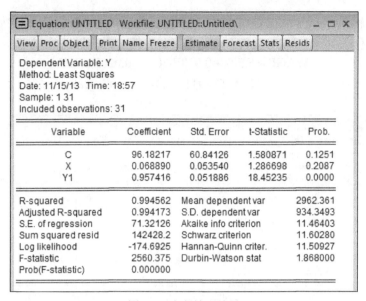

图 5-7　方程输出结果

即可得到 TSLS 的估计方程：
$$Y = 115.219 + 0.046X + 0.979Y1$$
$$(1.861)\quad(0.836)\quad(18.361)$$
$$R^2 = 0.995\quad F = 2543.412\quad \text{D.W.} = 1.920$$

下面写出 OLS 估计的结果，进行对比：
$$Y = 96.182 + 0.069X + 0.957Y1$$
$$(1.581)\quad(1.287)\quad(18.452)$$
$$R^2 = 0.995\quad F = 2560.375\quad \text{D.W.} = 1.868$$

由上述的 Hausman 检验可知，原模型的随机干扰项与辅助回归中的随机干扰项是正相关的，因此 X 为内生解释变量。并且由 OLS 与 TSLS 估计的对比可知，在存在内生解释变量 X 的情况 OLS 方法低估了截距，高估了斜率，TSLS 对此做出了修正。

【例 5-2】　内生解释变量。

【目的】　让读者熟悉 Hausman 检验，并学会运用 IV 法处理内生解释变量问题。

【问题的描述】　一般认为一个人的受教育年限和工作经历往往影响一个人进入劳动力市场后的工资水平，一般劳动经济学家会选择估计这样一个模型：log（WAGE）=+EDUC+EXPER+，其中 WAGE 代表个人的工资水平，EDUC 代表个人的受教育年限，EXPER 代表个人的工作经历年限。以此来评价受教育年限和工作经历对个人工资水平的影响，但是在误差项中往往含有一些无法观测的变量（如个人能力 ABLI）会与进入方程的解释变量 EDUC 之间产生相关，例如，有越高的个人能力的人往往会选择接受更高的教育，这样通过 OLS 法得到估计量将会是有偏而又不一致的估计量。对这样的内生解释变量问题，通常为其选择一个工具变量并运用 TSLS 法来给出更准确的估计。

【EViews 的实现过程】　首先运用 OLS 估计给出回归方程，在 EViews 中打开数据集合，

在命令窗口中输入 "Is LWAGE C EDUC EXPER"，然后单击 "Enter"，结果如图 5-8 所示。其中 LWAGE 代表 WAGE 取对数值。由此得到如下的 OLS 回归估计方程：

$$LWAGE = 5.502 + 0.078EDUC + 0.020EXPER +$$
$$(49.115) \quad (11.827) \qquad (5.988)$$

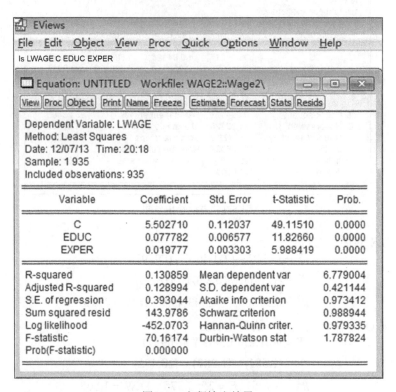

图 5-8　方程输出结果

现在怀疑在误差项中可能含有没有被观测到的因素个人能力 ABLI 与进入方程中的解释变量受教育年限 EDUC 存在相关关系，这样解释变量受教育年限 EDUC 就是内生解释变量。通过 Hausman 检验来验证这一推断。

选择一个人父母的受教育年限（MEDUC，FEDUC）作为个人受教育年限 EDUC 的工具变量，建立内生解释变量 EDUC 与外生解释变量 EXPER、工具变量 FEDUC 之间的 OLS 回归。

在 EViews 的命令窗口中输入 "Is EDUC C EXPER MEDUC FEDUC"，然后单击 "Enter"，结果如图 5-9 所示。

将得到的残差序列重新定义为 V。在命令窗口中输入 "genr V=RESID"。之间将 V 作为一个解释变量进入到原回归中，重新估计原回归方程。

在 EViews 中输入 "Is LWAGE C EDUC EXPER V"，然后单击 "Enter"，结果如图 5-10 所示。得到如下的估计方程：

$$LWAGE = 4.429 + 0.142EDUC + 0.038EXPER - 0.077V$$
$$(14.950) \quad (7.901) \qquad (6.998) \qquad (-3.920)$$

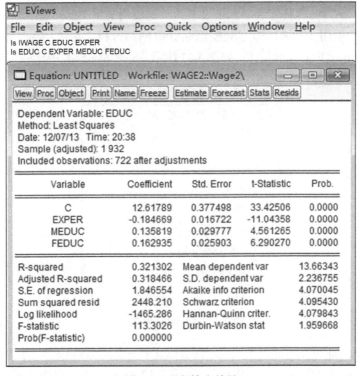

图 5-9 方程输出结果

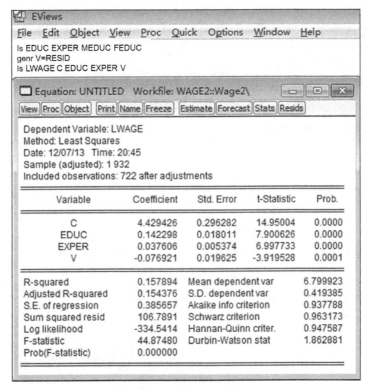

图 5-10 方程输出结果

可以发现 V 在 1%的显著水平上是显著的，这说明通过 Hausman 检验 EDUC 是内生解释变量。然后运用 IV 法，即 TSLS 法估计原回归方程。在 EViews 中的菜单栏选择 "Quick"→"Estimate Equation"之后，如图 5-11 所示，再在"Method"中选择"TSLS-Two-Stage Least Squares（TSNLS and ARMA）"。

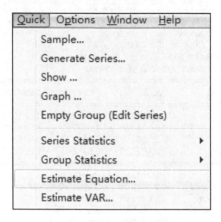

图 5-11　Quick 菜单选项

在 "Equation specification" 中输入 "LWAGE C EDUC EXPER"。在 "Instrument list" 中输入 "C EXPER MEDUC FEDUC"，如图 5-12 所示，然后单击 "确定"，得到结果如图 5-13 所示。

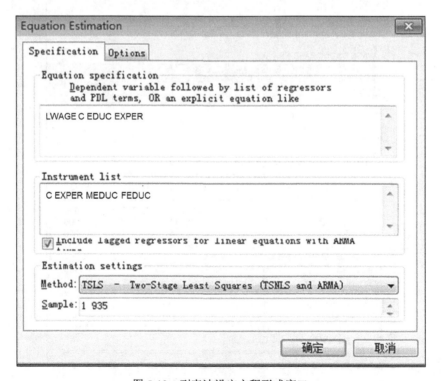

图 5-12　列表法设定方程形式窗口

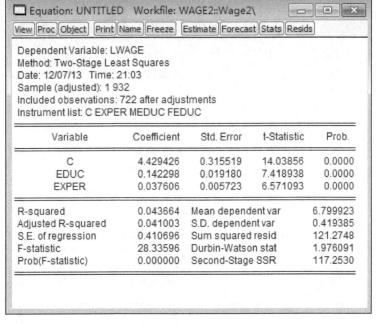

图 5-13　方程输出结果

这样就得到 TSLS 法得到的估计：

$$LWAGE = 4.429 + 0.142EDUC + 0.038EXPER$$
$$(14.039)\qquad(7.419)\qquad\quad(6.571)$$

现在把 OLS 估计的方程与 TSLS 估计的方程做出对比。

由 OLS 法估计的方程：

$$LWAGE = 5.502 + 0.078DEUC + 0.2EXPER +$$
$$(49.116)\qquad(11.827)\qquad\quad(5.988)$$

发现 OLS 法估计的方程存在高估截距和低估斜率的情况。

严格来说父母的受教育年限（MEDUC，FEDUC）与无法观测的个人能力 ABLI 之间也存在着一定的联系，即父母的受教育程度越高，个人的能力有可能也会越高，因此用父母的受教育年限（MEDUC，FEDUC）作为个人受教育年限 EDUC 的工具变量有一定的瑕疵。如果选择个人所在家庭中兄弟姐妹的数量 SIBS 作为个人受教育年限 EDUC 的工具变量可能会更合理。下面给出 Hausman 检验和 TSLS 法的过程。

建立内生解释变量个人受教育年限 EDUC 与外生解释变量个人工作经历 EXPER、工具变量家庭中兄弟姐妹数量 SIBS 之间的回归方程。在命令窗口中输入"Is EDUC C EXPER SIBS"，然后单击"Enter"，得到结果如图 5-14 所示。

得到估计方程：

$$EDUC = 16.626 - 0.222EXPER - 0.201SIBS$$

将残差序列定义为 $V1$，在命令窗口中输入"genr V1=RESID"。将 $V1$ 序列作为一个解释变量引入到原回归方程。

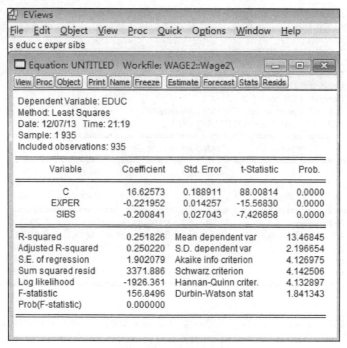

图 5-14　方程输出结果

在命令窗口中输入"Is LWAGE C EDUC EXPER V1",单击"Enter",得到结果如图 5-15 所示。得到回归方程为

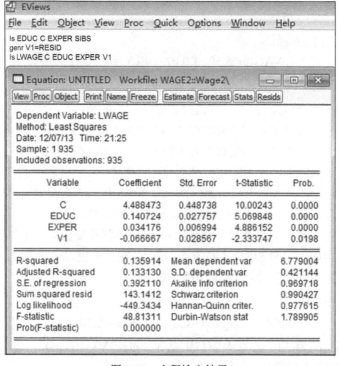

图 5-15　方程输出结果

$$LWAGE = 4.488 + 0.141EDUC + 0.034EXPER - 0.067V1$$
$$(10.002) \quad (5.070) \quad\quad (4.886) \quad\quad (-2.333)$$

发现 $V1$ 在 5%的显著水平上是显著的。所以 EDUC 是内生解释变量。下面给出当工具变量选择家庭中兄弟姐妹的数量 SIBS 时的 TSLS 法在 EViews 实现的过程。

在 EViews 中的菜单栏选择 "Quick" → "Estimate Equation"，如图 5-16 所示。之后再在 "Method" 中选择 "TSLS-Two-Stage Least Squares（TSNLS and ARMA）"。

图 5-16 Quick 菜单选项

在 "Equation specification" 中输入 "LWAGE C EDUC EXPER"。在 "Instrument list" 中输入 "C EXPER SIBS"，如图 5-17 所示，然后单击 "确定"，得到结果如图 5-18 所示。

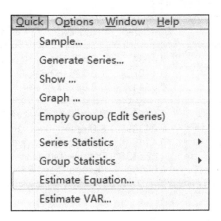

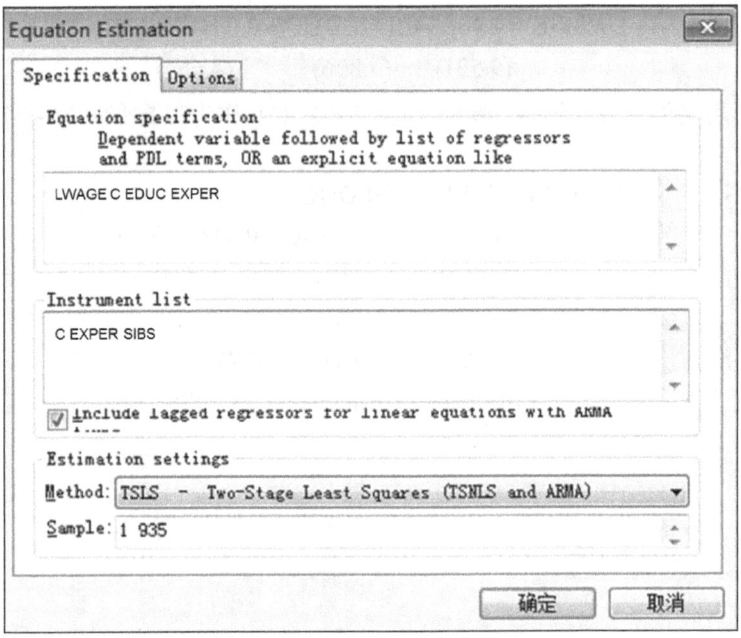

图 5-17 列表法设定方程形式窗口

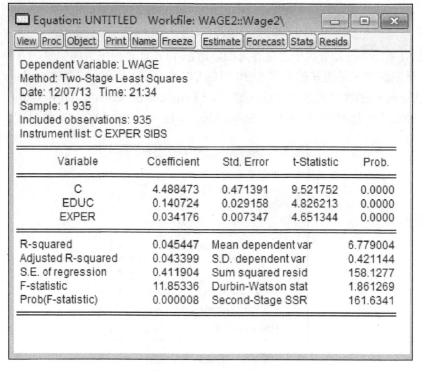

图 5-18   方程输出结果

得到当工具变量选定 SIBS 时采用 TSLS 法估计的方程：

$$(\text{TSLS}, \text{IV} = \text{SIBS})$$

$$\text{LWAGE} = 4.488 + 0.141\text{EDUC} + 0.034\text{EXPER}$$

$$(9.521) \qquad (4.826) \qquad\qquad (4.651)$$

以下给出用父母受教育年限（MEDUC，FEDUC）作为工具变量的 TSLS 法和 OLS 法，以做对比。

$$(\text{TSLS}, \text{IV} = \text{MEDUC}, \text{FEDUC})$$

$$\text{LWAGE} = 4.429 + 0.142\text{EDUC} + 0.038\text{EXPER}$$

$$(14.039) \qquad (7.419) \qquad\qquad (6.571)$$

$$(\text{OLS})$$

$$\text{LWAGE} = 5.502 + 0.078\text{EDUC} + 0.2\text{EXPER} +$$

$$(49.116) \qquad (11.827) \qquad\qquad (5.988)$$

第六章　多重共线性

> 本章一句话提示：多重共线性只是"程度"大小的问题。

一、多重共线性的基本概念

（一）一般形式下的多重共线性概念

在经典回归模型 $y_i = \beta_0 + \beta_1 x_{i1} + \beta_2 x_{i2} + \beta_3 x_{i3} + \cdots + \beta_k x_{ik} + u_i$ 中，若 $x_1, x_2, x_3, \cdots, x_k$ 相互独立，则满足经典假定。反之，若某两个或多个解释变量之间出现了相关性，则称为存在多重共线性。

如果存在：

$$c_1 x_{i1} + c_2 x_{i2} + \cdots + c_k x_{ik} = 0 \tag{6-1}$$

式中，c_i 不全为 0，即某一个解释变量可以用其他解释变量的线性组合表示，则称为解释变量间存在完全共线性。

如果存在：

$$c_1 x_{i1} + c_2 x_{i2} + \cdots + c_k x_{ik} + v_i = 0 \tag{6-2}$$

式中，c_i 不全为 0；v_i 为随机干扰项，则称为近似共线性或交互相关。

（二）矩阵形式下的多重共线性概念

如果在经典回归模型 $Y = X\beta + u$ 中，经典假定遭到破坏，则 $r_k(X) < k+1$（矩阵的秩），此时称解释变量 $x_1, x_2, x_3, \cdots, x_k$ 之间存在完全多重共线性。解释变量的完全多重共线性，也就是，解释变量之间存在严格的线性关系，这种完全多重共线性是一种极端情形。在实际中，还有另外一种情形，即解释变量之间虽然不存在严格的线性关系，却有近似的线性关系，即解释变量之间高度相关。

所谓多重共线性，是指解释变量之间存在完全的线性关系或者接近的线性关系。但是，完全的线性关系这种情况在现实中很少见，除非错误地把同一变量以不同单位同时放进模型中。

一般，变量之间都存在多重共线性，本书所关心的是多重共线性的程度如何，只有超过了一定限度，才会加以修正。

二、多重共线性产生的原因

1. 共同的时间趋势

许多经济变量在时间上有着共同变化的趋势，因而造成了它们之间的多重共线性。例如，经济繁荣时期，各基本经济变量（收入、消费、投资、价格）都趋于增长；经济衰退时期，又同时趋于下降。这些变量的样本数据往往呈现出某些近似的比例关系。

2. 滞后变量的引入

在计量经济学模型中，往往需要引入滞后经济变量来反映真实的经济关系。例如，以相对收入假设为理论假设，则居民消费 c_t 的变动不仅受当期收入 y_t 的影响，还受前期消费 c_{t-1} 的影响，于是建立如下模型：

$$c_t = \beta_0 + \beta_1 y_t + \beta_2 c_{t-1} + u_t \qquad (6\text{-}3)$$

显然，当期收入 y_t 和前期消费 c_{t-1} 之间有较强的线性相关性。

3. 样本资料的限制

由于完全符合理论模型所要求的样本数据较难收集，在现有数据条件下，特定样本可能存在某种程度上的多重共线性。

一般经验告诉我们，对于采用时间序列数据做样本，以简单线性形式建立的计量经济学模型，往往存在多重共线性；以截面数据做样本时，问题不那么严重，但仍然是存在的。

三、多重共线性的检验方法

（一）直观检验法

（1）计算出来的 F 统计量很高，样本可决系数 R^2 也很大，而各系数的 T 统计量却很低，出现了取舍矛盾。

（2）各（或个别）参数估计值出现了违背经济理论的现象。

（3）模型参数估计值对删除或添加少量的观测值及删除一个不显著的解释变量非常敏感。样本的微小变化会引起估计量较大的变化，即模型参数的稳定性较差。

（二）相关系数检验法

两个解释变量之间的相关系数绝对值越大，说明多重共线性程度越高。当两个解释变量之间的相关系数超过某个值时，若相关系数接近判定系数时则可认为多重共线性非常严重，到了需要修正的地步。（判定系数即拟合优度：判定系数达到 0.9 以上是很平常的；但是，对截面数据而言，能够有 0.5 就不错了。判定系数达到多少为宜，没有一个统一的明确界限值；若建模的目的是预测应变量值，一般需考虑有较高的判定系数。若建模的目的是结构分析，就不能只追求高的判定系数，而是要得到总体回归系数的可信任的估计量。判定系数高并不一定每个回归系数都可信任。）

（三）辅助回归样本决定系数测度法

当解释变量的个数超过两个时，可以通过辅助回归的样本可决系数 R_j^2 来判断多重共线性的程度：R_j^2 越大表示 x_j 能被其他解释变量解释的部分越大，多重共线性越严重，当 R_j^2 大于原模型的样本可决系数 R^2 时，认为多重共线性非常严重，需要修正。

四、多重共线性的修正

（一）第一类方法：排除引起共线性的变量

1. 除去不重要的解释变量

这是一种简单的解决办法，就是去掉那些导致模型产出严重多重共线性、对被解释变量影响不大且理论上认为不重要的解释变量。

2. 逐步回归法

这种方法的过程是，计算被解释变量对每一个解释变量的基本回归方程，从中选取一个最合适的作为基准方程，选取的这个基准方程可以是理论上最重要的解释变量对应的基本回归方程，也可以是样本可决系数最大的基本回归方程。然后，逐渐增加其他的解释变量。根据新添加的解释变量的边际贡献来判断是否保留此变量。

（1）新添加的解释变量改进了 R^2，其他回归系数统计上依然显著，则保留此变量。

（2）新添加的解释变量未能改进 R^2，对其他回归系数没有影响，则不保留此变量。

（3）新添加的解释变量改进了 R^2，对其他回归系数影响显著，甚至使原系数不可接受，这可以判断此变量引起了多重共线性，可以考虑对此变量的其他引入方式，也可以去掉此变量。

（二）第二类方法：差分法

对于以时间序列数据为样本，以直线线性关系为模型关系形式的计量经济学模型，将原模型变换为差分模型：

$$\Delta y_i = \beta_1 \Delta x_{i1} + \beta_2 \Delta x_{i2} + \cdots + \beta_k \Delta x_{ik} + u_i - u_{i-1}$$

可以有效地消除存在于原模型中的多重共线性。这是由经济时间序列数据的内在性质决定的。一般来说，增量之间的线性关系远比总量之间的线性关系弱一些。

（三）其他方法：增加样本容量

【例 6-1】 多重共线性的识别和修正。

【目的】 通过一个多元回归的例子，让读者通过综合统计法识别多重共线性，并应用逐步回归法对其进行修正。

【问题的描述】 根据理论和经验分析，影响粮食产量（Y）的主要因素有：农业化肥施用量（$X1$）、粮食播种面积（$X2$）、成灾面积（$X3$）、农业机械总动力（$X4$）、农业劳动力（$X5$）。

其中，成灾面积的符号为负，其余均为正。表 6-1 列出了中国粮食生产的相关数据，拟建立中国粮食生产函数。

表 6-1　中国粮食生产与相关投入资料

年份	粮食产量 Y/万吨	农业化肥施用量 X1/万公斤	粮食播种面积 X2/千公顷	成灾面积 X3/公顷	农业机械总动力 X4/万千瓦	农业劳动力 X5/万人
1983	38728	1660	114047	16209	18022	31151
1984	40731	1740	112884	15264	19497	30868
1985	37911	1776	108845	22705	20913	31130
1986	39151	1931	110933	23656	22950	31254
1987	40208	1999	111268	20393	24836	31663
1988	39408	2142	110123	23945	26575	32249
1989	40755	2357	112205	24449	28067	33225
1990	44624	2590	113466	17819	28708	38914
1991	43529	2806	112314	27814	29389	39098
1992	44264	2930	110560	25895	30308	38699
1993	45649	3152	110509	23133	31817	37680
1994	44510	3318	109544	31383	33802	36628
1995	46662	3594	110060	22267	36118	35530
1996	50454	3828	112548	21233	38547	34820
1997	49417	3981	112912	30309	42016	34840
1998	51230	4084	113787	25181	45208	35177
1999	50839	4124	113161	26731	48996	35768
2000	46218	4146	108463	34374	52574	36043
2001	45264	4254	106080	31793	55172	36513
2002	45706	4339	103891	27319	57930	36870
2003	43070	4412	99410	32516	60387	36546
2004	46947	4637	101606	16297	64028	35269
2005	48402	4766	104278	19966	68398	33970
2006	49804	4928	104958	24632	72522	32561
2007	50160	5108	105638	25064	76590	31444

注：这里由于没有从事粮食生产的农业劳动力数据，故用第一产业劳动力代替；

资料来源：《中国统计年鉴（1995）》和《中国统计年鉴（2008）》

设粮食生产函数为

$$\ln Y = C + a1\ln X1 + a2\ln X2 + a3\ln X3 + a4\ln X4 + a5\ln X5$$

用 OLS 法估计模型：

$$\ln Y = -4.17 + 0.381\ln X1 + 1.222\ln X2 + 0.081\ln X3 + 0.047\ln X4 + 0.101\ln X5$$

$$(-2.17)\quad (7.59)\qquad (9.04)\qquad (-5.3)\qquad (-1.05)\qquad (-1.75)$$

$$R^2 = 0.9768 \quad F = 202.68 \quad \text{D.W.} = 1.79$$

由于 R^2 较大且接近 1，而且 $F=202.68>（5，19）=2.74$，故认为粮食生产与上述解释变量间总体线性关系显著。但由于前参数估计值未能通过 t 检验，而且符号的经济意义也不合理，故认为解释变量间存在多重共线性。

【检验简单相关系数】　　$\ln X1$，$\ln X2$，$\ln X3$，$\ln X4$，$\ln X5$ 的相关系数如表 6-2 所示。

表 6-2　相关系数表

	$\ln X1$	$\ln X2$	$\ln X3$	$\ln X4$	$\ln X5$
$\ln X1$	1.0000	−0.5687	0.4517	0.9644	0.4402
$\ln X2$	−0.5687	1.0000	−0.2141	−0.6976	−0.0733
$\ln X3$	0.4517	−0.2141	1.0000	0.3988	0.4113
$\ln X4$	0.9644	−0.6976	0.3988	1.0000	0.2795
$\ln X5$	0.4402	−0.0733	0.4113	0.2795	1.0000

由表中数据发现 $\ln X1$，$\ln X4$ 之间存在高度相关性。

找出最简单的回归形式分别做 $\ln Y$ 与 $\ln X1$，$\ln X2$，$\ln X3$，$\ln X5$ 间的回归：

$$\ln Y = 8.902 + 0.224\ln X1$$
$$(43.2) \quad (8.78) \tag{6-4}$$
$$F = 0.7702 \quad \text{D.W.} = 0.94$$

$$\ln Y = 15.15 - 0.383\ln X2$$
$$(2.56) \quad (-0.75) \tag{6-5}$$
$$F = 0.024 \quad \text{D.W.} = 0.34$$

$$\ln Y = 8.949 + 0.16\ln X3$$
$$(30) \quad (5.91) \tag{6-6}$$
$$F = 0.6026 \quad \text{D.W.} = 0.63$$

$$\ln Y = 5.6 + 0.48\ln X5$$
$$(2.28) \quad (2.08) \tag{6-7}$$
$$F = 0.1587 \quad \text{D.W.} = 0.33$$

可见，粮食生产受农业化肥施肥量的影响最大，与经验相符合，因此选方程（6-4）为初始的回归模型。

【逐步回归】　　将其他解释变量分别导入上述初始回归模型，寻找最佳回归方程，如表 6-3 所示。

表 6-3　逐步回归

	C	$\ln X1$	$\ln X2$	$\ln X3$	$\ln X4$	$\ln X5$		D.W.
$Y=f(\ )$	8.902	0.224					0.7602	0.94
t 值	（43.20）	（8.78）						
$Y=f(,)$	−6.295	0.298	1.258				0.9402	1.59
t 值	（−3.47）	（19.20）	（8.39）					
$Y=f(,,)$	−6	0.323	1.29	−0.087			0.9755	1.41
t 值	（−5.16）	（29.80）	（13.40）	（5.72）				

续表

	C	$\ln X1$	$\ln X2$	$\ln X3$	$\ln X4$	$\ln X5$		D.W.
$Y=f(,,,)$	−6.042	0.322	1.294	−0.087	0.001		0.9743	1.41
t 值	(−3.59)	(8.22)	(9.56)	(5.51)	(0.04)			
$Y=f(,,,)$	−5.806	0.33	1.322	−0.081		−0.064	0.9766	1.63
t 值	(−5.07)	(28.66)	(13.67)	(−5.29)		(−1.4)		

【讨论】

第一步，在初始模型中引入 $X2$，模型拟合优度提高，且参数符号合理，变量也通过了 t 检验，D.W.检验也表明不存在 1 阶序列相关性。

第二步，引入 $X3$，拟合优度再次提高，且参数符号合理，变量也通过了 t 检验；只是 D.W.落入了无法判断的区域，但由 LM 检验知仍不存在 1 阶自相关。

第三步，引入 $X4$，修正的拟合优度反而略有下降，同时参数未能通过 t 检验。

第四步，去掉 $X4$，引入 $X5$，拟合优度虽有所提高，但 $X5$ 的参数未能通过 t 检验，且参数符号与经济意义不符。

第三步与第四步表明，$X4$，$X5$ 是多余的。因此，最终的粮食生产函数拟合结果如下：

$$\ln Y = -6 + 0.323 X1 + 1.291\ln X2 - 0.087\ln X3$$

第七章 虚 拟 变 量

> 本章一句话提示：解释变量与定性变量时的设置与估计。

一、虚拟变量定义

在现实经济生活中，有一类变量，如季节、民族、自然灾害、战争、政府制定的某项经济政策等，都可能成为影响某个被解释变量的重要因素。这些变量所反映的并不是数量，而是某种性质或属性，称为定性变量。为了将这些变量引入模型，必须将它们数量化。在计量经济学中，这些引入模型的定性变量叫作虚拟变量，也叫作哑变量。虚拟变量的实质是反映某种性质或属性是否存在。因此，可以构造一种特殊变量，只取 1 和 0 两个值，并且规定：变量值取 1 时，表示存在某种性质或属性；取 0 时，表示不存在某种性质或属性。因此，虚拟变量也可以叫作二值变量。虚拟变量一般用符号 D 表示，例如，性别因素，1 表示男性，0 表示女性。

（一）虚拟变量的作用

计量经济学模型中引入虚拟变量的作用表现在以下几个方面。

（1）可以作为属性因素的代表，描述和测量定性因素和不同的品质特征对所研究问题的影响，如性别、职业、民族等。

（2）分析异常或偶然因素的影响，如自然灾害、金融危机、恐怖袭击等。

（3）可以实现分段回归，研究斜率、截距的变动。

（4）检验模型结构的稳定性[①]，比较两个回归模型的结构差异。

（5）提高模型精度。

（二）虚拟变量的设置规则

1. 虚拟变量数量的设置规则

若定性因素有 m 个相互排斥的类型（或属性、水平），在有截距项的模型中只能引入 $m-1$ 个虚拟变量，否则会陷入所谓的"虚拟变量陷阱"，产生完全的多重共线性；在无截距项的模型中，定性因素有 m 个相互排斥的类型，引入 m 个虚拟变量不会导致完全多重共线性。

例如，C_i 为居民的住房消费支出，Y_i 为居民的可支配收入，D_i 为虚拟变量。

$$D_i = \begin{cases} 1, & 城镇居民 \\ 0, & 其他 \end{cases}$$

---

① 补充 Chow 检验：Chow 检验也是检验模型稳定性的常用检验，但 Chow 检验无法提供结构不稳定是来源于截距还是斜率。

即当 $D_i = 1$ 时，为城镇居民；当 $D_i = 0$ 时，为其他（农村居民）。

这里区分城镇居民和农村居民的定性变量的类型有 $m = 2$ 个，按照虚拟变量的设置规则应引入 $m - 1 = 2 - 1 = 1$ 个虚拟变量。但是，如果引入了 $m = 2$ 个虚拟变量，如下：

$$D_{2i} = \begin{cases} 1, & 城镇居民 \\ 0, & 其他 \end{cases}$$

$$D_{3i} = \begin{cases} 1, & 农村居民 \\ 0, & 其他 \end{cases}$$

则原模型为

$$C_i = \beta_0 + \beta_1 Y_i + \beta_2 D_{2i} + \beta_3 D_{3i} + u_i$$

这时，当 $D_{2i} = 1$ 时，$D_{3i} = 0$；反之，当 $D_{3i} = 1$ 时，$D_{2i} = 0$。也就是说，对于任何被调查的居民家庭都有 $D_{2i} + D_{3i} = 1$，D_{2i} 和 D_{3i} 存在完全的共线性，无法利用 OLS 估计其参数，从而陷入"虚拟变量陷阱"。

2. 虚拟变量 0 和 1 的选取原则

虚拟变量 0 和 1 的选取原则，应根据具体情况而定。从理论上讲虚拟变量的数值只是表示变量的性质，而不表示变量的数值。虚拟变量取"1"，通常代表基础类型；取"0"，通常表示与基础类型相对立的类型。

例如，表示学历的虚拟变量，引入大学学历对被解释变量的影响时，由于一般的情况是在是否上过大学的基础上进行比较的，所以确定虚拟变量为

$$D_i = \begin{cases} 1, & 大学学历及以上（代表基础类型） \\ 0, & 没有上过大学（代表比较类型） \end{cases}$$

二、数量因素与变参数模型

虚拟变量可以用来表示数量因素，例如，在储蓄函数中，"年龄"是一个重要的解释变量。虽然年龄是一个"数量"因素，但由于不同年龄组的居民有不同的储蓄行为，可以用虚拟变量表示各年龄组居民在储蓄行为上的差异。例如，可以把居民分成两个年龄组。

第一组：20～40 岁的居民；

第二组：40～60 岁的居民。

用"1"表示第一年龄组，用"0"表示第二年龄组，可以估计年龄对储蓄的影响。

分段线性回归是用虚拟变量代表数量因素时常见的一种回归方法。在经济关系中常有这样的现象：解释变量 X 的值达到一定水平 x^* 之后，与被解释变量的关系就发生了变化。此时，如果已知 x^*，就可以用虚拟变量来估计每一段的斜率，这就是所谓的分段线性回归。例如，当工业增长率 X 达到一定程度后，通货膨胀率 Y 会大幅度上升，也就是经济过热会引起高通货膨胀率。如图 7-1 所示。

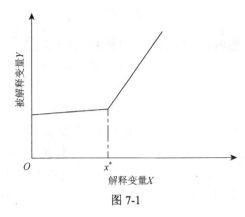

图 7-1

这个图形的特点就是全部数据以自变量 x^* 为界分为两个部分，当 $x_i < x^*$ 时，Y 与 X 的关系表现为一条直线；当 $x_i > x^*$ 时，Y 与 X 的关系表现为另一条直线。这时，可以用一个统一的折线回归模型来表示：

$$y_i = \beta_0 + \beta_1 x_i + \beta_2 (x_i - x^*) D_i + u_i$$

式中，虚拟变量 D_i 的定义为

$$D_i = \begin{cases} 1, & x_i \geqslant x^* \\ 0, & x_i < x^* \end{cases}$$

因此，原模型可以写为

$$E(y_i) = \begin{cases} (\beta_0 - \beta_2 x^*) + (\beta_1 + \beta_2) x_i, & x_i \geqslant x^* (D_i = 1) \\ \beta_0 + \beta_1 x_i, & x_i < x^* (D_i = 0) \end{cases}$$

上例中 Y 和 X 的关系只有一个转折点，但在某些情况下存在多个转折点。可以定义以下两个虚拟变量：

$$D_{1i} = \begin{cases} 1, & x_i \geqslant x^* \\ 0, & 其他 \end{cases}, \quad D_{2i} = \begin{cases} 1, & x_i \geqslant x^{**} \\ 0, & 其他 \end{cases}$$

可以用以下方程表示：

$$y_i = \beta_0 + \beta_1 x_i + \beta_2 (x_i - x^*) D_{1i} + \beta_3 (x_i - x^{**}) D_{2i} + u_i$$

此方程可以分解为

$$E(y_i) = \begin{cases} \beta_0 + \beta_1 x_i, & x_i < x^* (D_1 = D_2 = 0) \\ (\beta_0 - \beta_2 x^*) + (\beta_1 + \beta_2) x_i, & x^* \leqslant x_i < x^{**} (D_1 = 1, D_2 = 0) \\ (\beta_0 - \beta_2 x^* - \beta_3 x^{**}) + (\beta_1 + \beta_2 + \beta_3) x_i, & x_i \geqslant x^{**} (D_1 = D_2 = 1) \end{cases}$$

可以将上述推广到多个折线的情况。事实上，如果有 j 个折点就定义 j 个虚拟变量。

三、定性因素与变参数模型

（一）截距变动模型

1. 包含一个虚拟变量的截距变动模型

若回归模型中只包含一个定性因素，且这个因素仅有两种特征，则回归模型中只需引入一个虚拟变量。

例如，在研究消费问题时，知道消费主要是由收入决定的。但除了收入以外，消费还受很多因素的影响，如价格水平、前期消费（消费习惯）等。

一般的消费函数可以写为

$$y_i = \beta_0 + \beta_1 x_i + u_i$$

但还必须考虑到一些特殊情况的出现，如战争、自然灾害等。在建立宏观消费模型时，一般应将国民消费时间序列中正常年份和反常年份的数据区分开来。这样，在消费模型中的解释变量不仅包括国民收入这样的定量变量，也包括反映正常年份和反常年份时期居民消费行为不同的定性因素，且这个因素仅有两种特征，则回归模型中只需引入一个虚拟变量。

当 β_1 不变时，显然反常年份的消费要比正常年份的消费低。在原消费函数的基础上，引入一个虚拟变量 D_i，在正常年份为"1"，反常年份为"0"。

$$D_i = \begin{cases} 1, & \text{正常年份} \\ 0, & \text{反常年份} \end{cases}$$

这样消费函数可以写为

$$y_i = \beta_0 + \beta_1 x_i + \beta_2 d_i + u_i$$

于是有

$$D_i = 1 : E(y_i) = (\beta_0 + \beta_2) + \beta_1 x_i$$
$$D_i = 0 : E(y_i) = \beta_0 + \beta_1 x_i$$

2. 包含多个虚拟变量的截距变动模型

这是针对一个定性因素有两个以上的特征。

例如，世界上有 7 大洲，因此，以"洲"为特征的这个定性因素就有 7 种特征；一年有 4 个季节，"季节"这个定性因素就有 4 个特征。这是按照虚拟变量设置规则，模型中会包含多个虚拟变量。

例如，设 Y 代表一个随季节变动的商品销售额，X 代表商品价格，并假设 Y 与 X 之间存在线性关系。这时，要考虑季节因素对销售额的影响，就要将其引入模型中：

$$y_i = \beta_0 + \beta_1 x_i + \beta_2 D_{2i} + \beta_3 D_{3i} + \beta_4 D_{4i} + u_i$$

对于 4 个季度，引入了 $m-1$ 个，也就是 3 个虚拟变量，式中，

$$D_{2i} = \begin{cases} 1, & \text{第二季度} \\ 0, & \text{其他} \end{cases}, \quad D_{3i} = \begin{cases} 1, & \text{第三季度} \\ 0, & \text{其他} \end{cases}, \quad D_{4i} = \begin{cases} 1, & \text{第四季度} \\ 0, & \text{其他} \end{cases}$$

这里第一季度为基础类型，其截距项为 β_0，而其他三个季度的截距项分别为 $\beta_0 + \beta_2$，$\beta_0 + \beta_3$，$\beta_0 + \beta_4$。

（二）截距和斜率同时变动模型

在很多情况下，定性因素不仅会影响模型的截距，同时还会影响模型的斜率。例

如，在一个较长的时期中，反常年份对消费的影响不仅使消费倾向发生变化，而且使固定消费也发生变化，即同时影响斜率和截距。在这种情况下，引入虚拟变量，应写成如下形式：

$$y_i = \beta_0 + \beta_1 x_i + \beta_2 D_i + \beta_3 (D_i x_i) + u_i$$

式中，

$$D_i = \begin{cases} 1, & 正常年份 \\ 0, & 反常年份 \end{cases}$$

对两边取数学期望：

$$D_i = 1: E(y_i) = (\beta_0 + \beta_2) + (\beta_1 + \beta_3) x_i$$
$$D_i = 0: E(y_i) = \beta_0 + \beta_1 x_i$$

（三）包含多个定性因素的虚拟变量模型

例如，假定手机需求量受到以下因素的影响：

（1）消费者的收入水平；

（2）消费者的性别；

（3）消费者的年龄，分为 18 岁以下，18～60 岁，60 岁以上 3 组；

（4）消费者的文化程度，分为小学、中学、大学 3 组。

则手机消费函数需要引入 5 个虚拟变量：

$$D_1 = \begin{cases} 1, & 男 \\ 0, & 女 \end{cases}, \quad D_2 = \begin{cases} 1, & 18岁以下 \\ 0, & 其他 \end{cases}, \quad D_3 = \begin{cases} 1, & 18～60岁 \\ 0, & 其他 \end{cases}, \quad D_4 = \begin{cases} 1, & 小学 \\ 0, & 其他 \end{cases}, \quad D_5 = \begin{cases} 1, & 中学 \\ 0, & 其他 \end{cases}$$

相应的消费模型为

$$y_i = \beta_0 + \beta_1 D_1 + \beta_2 D_2 + \beta_3 D_3 + \beta_4 D_4 + \beta_5 D_5 + \beta x_i + u_i$$

模型中的虚拟变量考虑了截距项各种可能的变化。例如，消费者年龄 60 岁以上、大学文化程度时的女性，就有 $D_1 = D_2 = D_3 = D_4 = D_5 = 0$，对应的截距项为 β_0。

【例 7-1】 虚拟变量的应用。

【目的】 通过一个虚拟变量的例子，让读者熟悉虚拟变量在回归方程的应用。

【问题的描述】 在本例中给出 1970～1995 年美国的储蓄与收入数据，一般情况下建立一个回归即可反映储蓄与收入之间的关系，但是由于在 1982 年美国遭受了严重的经济衰退，其中城市失业率达到了自 1948 年以来的最高水平 9.7%，怀疑 1970～1995 年以来的储蓄和收入之间关系发生了结构变动，因此通过引入虚拟变量来检验美国在 1970～1995 是否发生结构变动，假定截距和斜率都有变化，建立如下回归方程，其中 Y=储蓄；X=收入。

$$Y = a_0 + a_1 D + a_2 X + a_3 (DX)$$

式中，D=1，为 1982～1995 年的观测；D=0，为其他（即 1970～1981 年的观测）。

数据如表 7-1 所示。

表 7-1　1970～1995 年美国的储蓄与收入数据

观测	储蓄	收入	虚拟变量	观测	储蓄	收入	虚拟变量
1970	61	727.1	0	1983	167	2522.4	1
1971	68.6	790.2	0	1984	235.7	2810	1
1972	63.6	855.3	0	1985	206.2	3002	1
1973	89.6	965	0	1986	196.5	3187.6	1
1974	97.6	1054.2	0	1987	168.4	3363.1	1
1975	104.4	1159.2	0	1988	189.1	3640.8	1
1976	96.4	1273	0	1989	187.8	3894.5	1
1977	92.5	1401.4	0	1990	208.7	4166.8	1
1978	112.6	1580.1	0	1991	246.4	4343.7	1
1979	130.1	1769.5	0	1992	272.6	4613.7	1
1980	161.8	1973.3	0	1993	214.4	4790.2	1
1981	199.1	2200.2	0	1994	189.4	5021.7	1
1982	205.5	2347.3	1	1995	249.3	5320.8	1

通过虚拟变量在 0 和 1 之间取值，可以得到如下结果。

1970～1981 年的平均储蓄函数：

$$E(y_i/D=0,x_i)=a_0+a_2x_i$$

1982～1995 年的平均储蓄函数：

$$E(y_i/D=1,x_i)=(a_0+a_1)+(a_2+a_3)x_i$$

【EViews 实现过程】　由于例 7-1 是一个时间序列的例子，首先建立一个 1970～1990 年的时间序列文件，如图 7-2 所示。

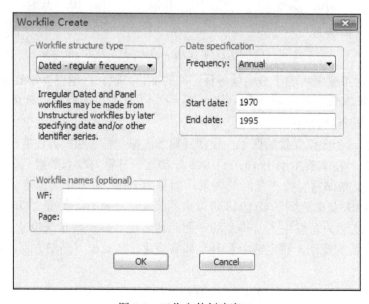

图 7-2　工作文件创建窗口

然后录入数据，如图 7-3 所示。

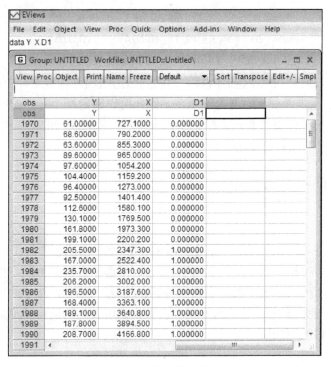

图 7-3　数据输入窗口

在命令窗口中输入"ls Y C D1 X D1*X",注意这里最后一项是 $D1$ 和 X 是相乘的关系,输出结果如图 7-4 所示。得到估计的回归方程为

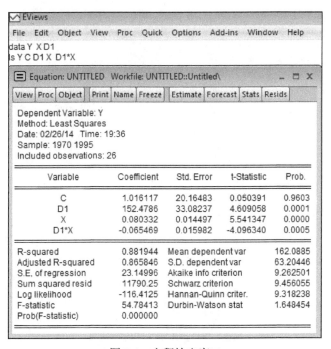

图 7-4　方程输出窗口

$$Y = 1.016 + 152.479D1 + 0.08X - 0.066(D1 * X)$$
$$\text{se} = (20.165)(33.082) \quad (0.014) \quad (0.016)$$
$$t = (0.050) \quad (4.609) \quad (5.541) \quad (-4.096)$$

式中，se 代表标准误；t 代表 t 值。由其中的回归输出结果可以看出，无论是虚拟变量 D1 还是收入 X，或者两者的交互项都是显著的，因此可以断定两个时期的回归是区别的，即在 1970～1995 年美国储蓄与收入之间的关系发生了结构转变。可以写出对应的估计方程，

1970～1981 年的储蓄-收入函数：

$$Y = 1.016 + 0.08X$$

1982～1995 年的储蓄-收入函数：

$$Y = (1.016 + 152.479) + (0.08 - 0.066)X$$

即

$$Y = 153.585 + 0.014X$$

显然两个时期的储蓄倾向是不一样的，通过运用虚拟变量的方法，能很好地处理结构转变的问题，相比于"邹至庄检验"，虚拟变量的方法不仅能够通过虚拟变量及其交互项的显著性告知我们存在结构转变，而且还能告诉我们所发生的结构转变是来源于截距、斜率，还是两者都发生了变化。

第八章 离散选择模型

> 本章一句话提示：被解释变量为定性变量的特殊回归模型。

在讨论家庭是否购房的问题中，可将家庭购买住房的决策用数字 1 表示，而将家庭不购买住房的决策用数字 0 表示。

$$x_i = \begin{cases} 1, & \text{YES} \\ 0, & \text{NO} \end{cases}$$

若 x_i 作为模型的自变量，则运用第七章解决。若 x_i 作为模型的因变量，当考虑影响某个家庭在一定的条件下是否购买住房的影响因素时，则表示状态的虚拟变量就是作为因变量出现在模型中，虚拟因变量的具体取值仅是为了区别不同的状态，所以将虚拟变量作为被解释变量，讨论影响因变量选择的回归模型称为离散选择模型。

一、线性概率模型

现在约定备择对象的 0 和 1 两项选择模型中，下标 i 表示各不同的经济主体，取值 0 或 1 的因变量 y_i 表示经济主体的具体选择结果，而影响经济主体进行选择的自变量 x_i。若选择响应 YES 的概率为 $p(y_i = 1/x_i)$，则经济主体选择响应 NO 的概率为 $1 - p(y_i = 1/x_i)$，得

$$E(y_i/x_i) = 1 \times p(y_i = 1/x_i) + 0 \times p(y_i = 0/x_i) = p(y_i = 1/x_i)$$

根据经典线性回归，可知其总体回归方程是条件期望建立的，假想可以构造线性概率模型：

$$p(y_i = 1/x_i) = E(y_i/x_i) = x_i'\beta$$
$$= \beta_0 + \beta_1 x_{i1} + \cdots + \beta_k x_{ik} + u_i$$

描述两个响应水平的线性概率回归模型可推知，根据统计数据得到的回归结果并不一定能够保证回归模型的因变量拟合值界于[0，1]。如果通过回归模型式得到的因变量拟合值完全偏离 0 或 1 两个数值，则描述两项选择的回归模型的实际用途就受到很大的限制。为避免出现回归模型的因变量预测值偏离 0 或 1 的情形，需要限制因变量的取值范围并对回归模型式进行必要的修正。由于要对其进行修正，那么其模型就会改变，模型改变会导致似然函数改变，这就是下面要讨论的。现在讨论的模型与判别分析的目的是一样的，但有区别。

二、二元离散选择模型

（一）效用函数

为了使得二元选择问题有进一步研究的可能，首先建立一个效用函数。在讨论家庭是

否购房的问题中，可将家庭购买住房的决策用数字 1 表示，而将家庭不购买住房的决策用数字 0 表示。用 U_i^1 表示第 i 个人选择买房的效用，U_i^0 表示第 i 个人选择不买房的效用。其效用均为随机变量，于是有

$$\begin{cases} U_i^1 = \alpha_1 + x_i'\beta^1 + u_i^1 \\ U_i^0 = \alpha_0 + x_i'\beta^0 + u_i^0 \end{cases} \tag{8-1}$$

将式（8-1）第一式减第二式，得

$$U_i^1 - U_i^0 = (\alpha_1 - \alpha_0) + x_i'(\beta^1 - \beta^0) + (u_i^1 - u_i^0)$$

记：

$$y_i^* = U_i^1 - U_i^0$$
$$\alpha^* = \alpha_1 - \alpha_0$$
$$\beta^* = \beta^1 - \beta^0$$
$$u_i^* = u_i^1 - u_i^0$$

则有

$$y_i^* = \alpha^* + x_i'\beta^* + u_i^*$$

格林称该模型为潜回归。

这是二元选择模型的切入点，称 y_i^* 为过渡变量（潜在的），这个变量是不可观测的。

若效用差 y_i^* 大于零，则应该选 "1"，即购房；

若效用差 y_i^* 小于零，则应该选 "0"，即不购房。

故：

$$p(y_i = 1) = p(y_i^* > 0) = p(u_i^* > -\alpha^* - x_i'\beta^*) = 1 - F(-\alpha^* - x_i'\beta^*)$$
$$p(y_i = 0) = p(y_i^* \leqslant 0) = p(u_i^* \leqslant -\alpha^* - x_i'\beta^*) = F(-\alpha^* - x_i'\beta^*)$$

此处已经通过 y_i^*，将自变量与事件发生的概率联系起来了，为概率提供了一个潜在的结构模型。

现在的问题是 $F(\cdot)$ 服从何种分布？$F(\cdot)$ 既然是分布函数，则必须满足分布函数的条件。

（二）两类常用的模型

根据以上的分析，问题已经转化为作为 $F(\cdot)$ 有什么形状，即密度函数 f 具有什么样的函数形式。采用累积标准正态概率分布函数的模型称作 probit 模型，或概率单位模型，用正态分布的累积概率作为 probit 模型的预测概率。另外 logistic 函数也能满足这样的要求，采用 logistic 函数的模型称作 logit 模型，或对数单位模型（注：分布在此时是以 y 轴为对称）。

1. logit 模型

$$p(y_i = 1) = p(y_i^* > 0) = p(u_i^* > -\alpha^* - x_i'\beta^*) = p(u_i^* < \alpha^* + x_i'\beta^*) = F(\alpha^* + x_i'\beta^*)$$

如果取 $F(\cdot)$ 为逻辑函数（logit），即

$$\Lambda(x) = F(x) = \frac{1}{1 + e^{-x}} = \frac{e^x}{1 + e^x} \quad （满足分布函数的条件），有$$

$$p(y_i = 1) = F(\alpha^* + x_i'\beta^*) = \Lambda(\alpha^* + x_i'\beta^*) = \frac{1}{1 + e^{-\alpha^* - x_i'\beta^*}} = \frac{e^{\alpha^* + x_i'\beta^*}}{1 + e^{\alpha^* + x_i'\beta^*}}$$

为了更简化模型 $y_i^* = \alpha^* + x_i'\beta^* + u_i^*$，令

$$\beta = \begin{bmatrix} \alpha^* \\ \beta^* \end{bmatrix}, \quad x_i = \begin{pmatrix} 1 & x_{i1} & x_{i2} & \cdots & x_{ik} \end{pmatrix}', \quad u_i = u_i^*$$

则：

$$y_i^* = x_i'\beta + u_i$$

有

$$F\left(\alpha^* + x_i'\beta^*\right) = \Lambda(x_i'\beta) = \frac{\exp(x_i'\beta)}{1 + \exp(x_i'\beta)}$$

$$p(y_i = 1/x_i) = \Lambda(x_i'\beta) = \frac{\exp(x_i'\beta)}{1 + \exp(x_i'\beta)}$$

$$p(y_i = 1/x_i) = \frac{\exp(x_i'\beta)}{1 + \exp(x_i'\beta)}$$

$$\left[1 + \exp(x_i'\beta)\right] p(y_i = 1/x_i) = \exp(x_i'\beta)$$

$$p(y_i = 1/x_i) + p(y_i = 1/x_i)\exp(x_i'\beta) = \exp(x_i'\beta)$$

$$p(y_i = 1/x_i) = \exp(x_i'\beta) - p(y_i = 1/x_i)\exp(x_i'\beta)$$

$$p(y_i = 1/x_i) = \exp(x_i'\beta) - p(y_i = 1/x_i)\exp(x_i'\beta)$$

$$\frac{p(y_i = 1/x_i)}{1 - p(y_i = 1/x_i)} = \exp(x_i'\beta) \quad （非线性）$$

$$\ln \frac{p(y_i = 1/x_i)}{1 - p(y_i = 1/x_i)} = x_i'\beta \quad （广义非线性）$$

$$\ln \frac{p(y_i = 1)}{1 - p(y_i = 1)} = x_i'\beta + u_i \tag{8-2}$$

称式（8-2）为逻辑斯蒂回归模型。

2. probit 模型

更为一般的情形，如果选择 $F(\cdot)$ 是标准正态分布，则产生 probit 回归模型：

$$p_i = p(y_i = 1/x_i) = \Phi(x_i'\beta) = \int_{-\infty}^{x_i'\beta} \frac{1}{\sqrt{2\pi}} \exp\left(-\frac{1}{2}t^2\right) dt$$

$$\Phi^{-1}(p_i) = x_i'\beta \tag{8-3}$$

称式（8-3）为 probit 回归模型。

由图 8-1 和图 8-2 可知 probit 曲线和 logit 曲线很相似。

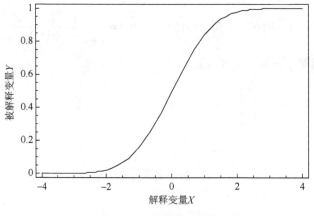

图 8-1 　probit 分布曲线

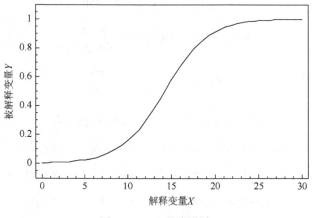

图 8-2 　logit 分布曲线

使用哪个分布是一个很自然的问题，logit 曲线除了在尾部比正态分布厚得多以外，两条曲线都是在 $p_i = 0.5$ 处有拐点，logit 曲线更接近一个自由度为 7 的 t 分布（格林认为自由度是 4 的 t 分布）。所以，对于 $x_i'\beta$ 的中间值（如 $-1.2 \sim 1.2$）来说，两种分布会给出类似的概率，但是当 $x_i'\beta$ 非常小时，logit 回归模型比 probit 回归模型倾向于给出 $y_i = 0$（$y_i^* \leqslant 0$）较大的概率值，而在 $x_i'\beta$ 非常大时，倾向于给出 $y_i = 0$（$y_i^* \leqslant 0$）较小的概率值。

三、二元离散选择模型的极大似然估计

下面来构造二元离散选择模型的似然函数。这是二元离散选择模型最关键的问题。因为：

$$p(y_i = 1) = p(y_i^* > 0) = P(u_i > -x_i'\beta)$$

$$p(y_i = 0) = p(y_i^* \leqslant 0) = P(u_i \leqslant -x_i'\beta)$$

假设有以 Y 轴为对称的概率密度函数 $f(\cdot)$，则

$$p(y_i = 1) = p(y_i^* > 0) = p(x_i'\beta + u_i > 0)$$
$$= p(u_i > -x_i'\beta)$$
$$= 1 - p(u_i \leqslant -x_i'\beta)$$
$$= 1 - F(-x_i'\beta) = F(x_i'\beta)$$
$$p(y_i = 0) = p(y_i^* \leqslant 0) = p(u_i \leqslant -x_i'\beta) = F(-x_i'\beta) = 1 - F(x_i'\beta)$$

于是模型的似然函数为

$$P(y_1, y_2, \cdots, y_n) = \prod_{y_i=0} [1 - F(x_i'\beta)] \prod_{y_i=1} F(x_i'\beta)$$

$$L = \prod_{i=1}^{n} [1 - F(x_i'\beta)]^{1-y_i} [F(x_i'\beta)]^{y_i}$$

两边同时取自然对数，则

$$\ln L = \sum_{i=1}^{n} \left\{ y_i \ln [F(x_i'\beta)] + (1 - y_i) \ln [1 - F(x_i'\beta)] \right\}$$

对数似然函数最大化的条件是

$$\frac{\partial \ln L}{\partial \beta} = \sum_{i=1}^{n} \left[\frac{y_i f_i}{F_i} + (1 - y_i) \frac{-f_i}{(1 - F_i)} \right] x_i = 0 \qquad (8\text{-}4)$$

（一）对数单位模型的似然函数

将 $F(X'\beta) = \Lambda(X'\beta) = \dfrac{e^{X'\beta}}{1 + e^{X'\beta}}$ 和 $\dfrac{d\Lambda(X'\beta)}{d(X'\beta)} = \dfrac{e^{X'\beta}}{(1 + e^{X'\beta})^2} = \Lambda(X'\beta)[1 - \Lambda(X'\beta)]$ 代入

式（8-4），则似然方程为 $\dfrac{\partial \ln L}{\partial \beta} = \sum_{i=1}^{n} [y_i - \Lambda(x_i'\beta)] x_i = 0$。

若 x_i 包含常数项，则一阶条件意味着预测概率的平均值一定等于样本中"1"的比率。

对数单位模型对数似然函数的二阶导数为

$$\frac{\partial \ln L}{\partial \beta \partial \beta'} = -\sum_{i=1}^{n} \Lambda(x_i'\beta)[1 - \Lambda(x_i'\beta)] x_i x_i'$$

（二）概率单位模型的似然函数

如果是正态分布，则对数似然函数为

$$\ln L = \sum_{y_i=1} \ln [\Phi(x_i'\beta)] + \sum_{y_i=0} \ln [1 - \Phi(x_i'\beta)]$$

$$\frac{\partial \ln L}{\partial \beta} = \sum_{y_i=1} \frac{\phi(x_i'\beta)}{\Phi(x_i'\beta)} x_i' + \sum_{y_i=0} \frac{-\phi(x_i'\beta)}{1 - \Phi(x_i'\beta)} x_i' = \sum_{y_i=1} \lambda_i^1 x_i' + \sum_{y_i=0} \lambda_i^0 x'$$

概率单位模型的对数似然函数的二阶导数为

$$\frac{\partial \ln L}{\partial \beta \partial \beta'} = -\sum_{i=1}^{n} -\lambda_i(\lambda_i + x_i'\beta)x_i x_i'$$

四、多元离散选择模型

多种选择的情形存在着几种决策，这是在三个或三个以上的备择中选择一个决策。有两种决策集，有序的和无序的。例如，对某个候选人的态度：赞成，反对和弃权中的选择是无序的。客户的信用等级 1，2，3，4，5 级中的选择是有序的。有序和无序的情形使用相当不同的技术。由于目前有序离散回归模型的应用较多，故先讨论有序情形。

（一）有序 logit 模型及其估计

排序多元离散选择模型问题普遍存在于经济生活中。其模型的构建如下。

设 $y_i^* = x_i'\beta + u_i$，Y^* 是不可观测的，人们观测到的是

$$y_i / x_i = \begin{cases} 1 \\ 2 \\ 3 \\ \vdots \\ J \end{cases}, \quad y_i = \begin{cases} 1, & \text{如果} Y^* \in (-\infty, \mu_1) \\ 2, & \text{如果} Y^* \in [\mu_1, \mu_2) \\ 3, & \text{如果} Y^* \in [\mu_2, \mu_3) \\ \vdots \\ J, & \text{如果} Y^* > [\mu_{J-1}, \infty) \end{cases} \tag{8-5}$$

$\mu_j(j=1,2,\cdots,J-1)$ 是门槛（threshole）值。

$$\begin{aligned} P(y_i \le j) = P\left(y_i^* \le \mu_j\right) &= P\left(x_i'\beta + u_i < \mu_j\right) \\ &= P\left(u_i < \mu_j - x_i'\beta\right) \\ &= F\left[\mu_j - x_i'\beta\right] \end{aligned}$$

根据两水平的 logit 模型的思路，有

$$\ln\left[\frac{P(y_i \le j / x_i)}{1 - P(y_i \le j / x_i)}\right] = \mu_j - x_i'\beta \tag{8-6}$$

将式（8-6）变形，有

$$P(y_i \le j / x_i) = \mathrm{e}^{\mu_j - x_i'\beta} - P(y_i \le j/x_i)\mathrm{e}^{\mu_j - x_i'\beta}$$

$$P(y_i \le j / x_i) = \frac{\mathrm{e}^{\mu_j - x_i'\beta}}{1 + \mathrm{e}^{\mu_j - x_i'\beta}}, \quad j = 1,2,\cdots,J-1$$

则：

$$P(y_i = 1) = P(y_i \le 1) = \frac{\mathrm{e}^{\mu_1 - x_i'\beta}}{1 + \mathrm{e}^{\mu_1 - x_i'\beta}}$$

$$P(y_i = 2) = P(y_i \le 2) - P(y_i \le 1) = \frac{\mathrm{e}^{\mu_2 - x_i'\beta}}{1 + \mathrm{e}^{\mu_2 - x_i'\beta}} - \frac{\mathrm{e}^{\mu_1 - x_i'\beta}}{1 + \mathrm{e}^{\mu_1 - x_i'\beta}}$$

$$P(y_i = 3) = P(y_i \leqslant 3) - P(y_i \leqslant 2) = \frac{e^{\mu_3 - x_i'\beta}}{1 + e^{\mu_3 - x_i'\beta}} - \frac{e^{\mu_2 - x_i'\beta}}{1 + e^{\mu_2 - x_i'\beta}}$$

$$\vdots$$

$$P(y_i = J) = P(y_i \leqslant J) - P(y_i \leqslant (J-1)) = \frac{e^{\mu_J - x_i'\beta}}{1 + e^{\mu_J - x_i'\beta}} - \frac{e^{\mu_{J-1} - x_i'\beta}}{1 + e^{\mu_{J-1} - x_i'\beta}}$$

有

$$L = \prod_{i=1}^{n} \prod_{j=1}^{J} \left[P(y_i \leqslant j) - P(y_i \leqslant (j-1)) \right]^{d_{ij}}$$

$$= \prod_{i=1}^{n} \prod_{j=1}^{J} \left[\frac{e^{\mu_j - x_i'\beta}}{1 + e^{\mu_j - x_i'\beta}} - \frac{e^{\mu_{j-1} - x_i'\beta}}{1 + e^{\mu_{j-1} - x_i'\beta}} \right]^{d_{ij}}$$

$$\ln L = \sum_{i=1}^{n} \sum_{j=1}^{J} d_{ij} \ln \left\{ \left[\frac{e^{\mu_j - (x_i'\beta)}}{1 + e^{\mu_j - (x_i'\beta)}} - \frac{e^{\mu_{j-1} - x_i'\beta}}{1 + e^{\mu_{j-1} - x_i'\beta}} \right] \right\}$$

式中，$d_{ij} = 1$，表示第 i 个个体选择了第 j 个水平；$d_{ij} = 0$，表示第 i 个个体没有选择第 j 个水平；$\mu_0 = -\infty$；$\mu_J = +\infty$。

解方程 $\dfrac{\partial \ln L}{\partial \beta} = 0$，得 β 的极大似然估计。

（二）有序 probit 模型及其估计

若假定 u 服从正态分布，且有零均值，方差为 1，则

$$P(y_i = 1) = P(y_i^* < \mu_1) = P(x_i'\beta + u_i < \mu_1) = \Phi(\mu_1 - x_i'\beta)$$

$$P(y_i = 2) = P(\mu_1 \leqslant y_i^* < \mu_2) = P(\mu_1 \leqslant x_i'\beta + u_i < \mu_2) = \Phi(\mu_2 - x_i'\beta) - \Phi(\mu_1 - x_i'\beta)$$

$$P(y_i = 3) = P(\mu_2 \leqslant y_i^* < \mu_3) = P(\mu_2 \leqslant x_i'\beta + u_i < \mu_3) = \Phi(\mu_3 - x_i'\beta) - \Phi(\mu_2 - x_i'\beta)$$

$$P(y_i = k) = P(\mu_{k-1} \leqslant y_i^* < \mu_k) = P(\mu_{k-1} \leqslant x_i'\beta + u_i < \mu_k) = \Phi(\mu_k - x_i'\beta) - \Phi(\mu_{k-1} - x_i'\beta)$$

$$\vdots$$

$$P(y_i = J) = P(\mu_{J-1} \leqslant y_k^*) = P(\mu_{J-1} \leqslant x_i'\beta + u_i) = 1 - \Phi(\mu_{J-1} - x_i'\beta)$$

则其似然函数为

$$L = \prod_{i=1}^{n} \prod_{j=1}^{J} \left[P(y_i = j) \right]^{d_{ij}}$$

$$= \prod_{i=1}^{n} \prod_{j=1}^{J} \left[\Phi(\mu_j - x_i'\beta) - \Phi(\mu_{j-1} - x_i'\beta) \right]^{d_{ij}}$$

两边取自然对数，有

$$\ln L = \sum_{i=1}^{n} \sum_{j=1}^{J} d_{ij} \ln \left[P(y_i = j) \right]$$

$$= \sum_{i=1}^{n} \sum_{j=1}^{J} d_{ij} \ln \left[\Phi(\mu_j - x_i'\beta) - \Phi(\mu_{j-1} - x_i'\beta) \right]$$

再对 β 求导数并令其为零，解出方程组中的 β，得到模型参数的极大似然解。

【例 8-1】 二元离散选择模型。

【目的】 建立一个非群组数据或个体数据的 logit 模型，同时给出 probit 的估计形式，让读者通过实例了解二元离散选择模型的估计方法与 EViews 过程。

【问题的描述】 若某学生中级微观经济学的期末成绩等级为 A，则 GRADE=1；如果成绩等级为 B 或 C，则 GRADE=0。Spector 和 Mazzeo 使用平均成绩（GPA）、期初测试成绩（TUCE）和个性化教学系统（PSI）作为成绩的预测元。数据如表 8-1 所示。

表 8-1 个性化教学系统（PSI）对课程成绩影响的数据

观测	GPA 分数	TUCE 分数	PSI	期末成绩 GRADE	成绩等级	观测	GPA 分数	TUCE 分数	PSI	期末成绩 GRADE	成绩等级
1	2.66	20	0	0	C	17	2.75	25	0	0	C
2	2.89	22	0	0	B	18	2.83	19	0	0	C
3	3.28	24	0	0	B	19	3.12	23	1	0	B
4	2.92	12	0	0	B	20	3.16	25	1	1	A
5	4	21	0	1	A	21	2.06	22	1	0	C
6	2.86	17	0	0	B	22	3.62	28	1	1	A
7	2.76	17	0	0	B	23	2.89	14	1	0	C
8	2.87	21	0	0	B	24	3.51	26	1	0	B
9	3.03	25	0	0	C	25	3.54	24	1	1	A
10	3.92	29	0	1	A	26	2.83	27	1	1	A
11	2.63	20	0	0	C	27	3.39	17	1	1	A
12	3.32	23	0	0	B	28	2.67	24	1	0	B
13	3.57	23	0	0	B	29	3.65	21	1	1	A
14	3.26	25	0	1	A	30	4	23	1	1	A
15	3.53	26	0	0	B	31	3.1	21	1	0	C
16	2.74	19	0	0	B	32	2.39	19	1	1	A

注：如果期末成绩等级为 A，成绩 GRADE=1；如果期末成绩等级为 B 或 C，GRADE=0。

TUCE=学期初为测试学生的宏观经济学知识而进行的一项考试的成绩（期初测试成绩）。

如果采用新的教学方法，PSI=1；如果不采用新的教学方法，PSI=0。

GPA=开始学习中级微观经济学时的平均成绩，建立一个 logit 模型

【EViews 实现过程】 首先建立一个有 32 个观测的截面数据工作文件，然后录入数据。在菜单栏中单击 "Quick" → "Estimate Equation"。在弹出的 "Equation Estimation" 对话框中的 "Method" 中选择 "BINARY-Binary Choice（Logit，Probit，Extreme Value）"，同时在 "Binary estimation" 中选择 "Logit"，再单击 "确定"，操作过程如图 8-3 和图 8-4 所示。

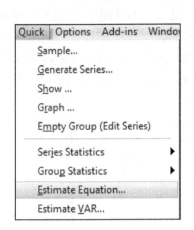

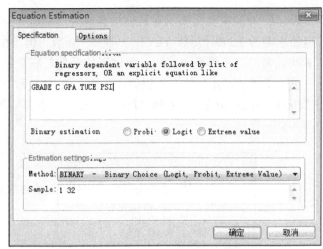

图 8-3 Quick 菜单选项　　　　图 8-4 列表法设定方程形式窗口

最后来看一下输入的结果，如图 8-5 所示。

Equation: UNTITLED Workfile: UNTITLED::Untitled\

View Proc Object Print Name Freeze Estimate Forecast Stats Resids

Dependent Variable: GRADE
Method: ML - Binary Logit (Quadratic hill climbing)
Date: 03/02/14　Time: 20:39
Sample: 1 32
Included observations: 32
Convergence achieved after 5 iterations
Covariance matrix computed using second derivatives

Variable	Coefficient	Std. Error	z-Statistic	Prob.
C	-13.02135	4.931324	-2.640537	0.0083
GPA	2.826113	1.262941	2.237723	0.0252
TUCE	0.095158	0.141554	0.672235	0.5014
PSI	2.378688	1.064564	2.234424	0.0255

McFadden R-squared	0.374038	Mean dependent var	0.343750
S.D. dependent var	0.482559	S.E. of regression	0.384716
Akaike info criterion	1.055602	Sum squared resid	4.144171
Schwarz criterion	1.238819	Log likelihood	-12.88963
Hannan-Quinn criter.	1.116333	Deviance	25.77927
Restr. deviance	41.18346	Restr. log likelihood	-20.59173
LR statistic	15.40419	Avg. log likelihood	-0.402801
Prob(LR statistic)	0.001502		

Obs with Dep=0	21	Total obs	32
Obs with Dep=1	11		

图 8-5 方程输出结果

首先要说明的是，在本例中使用的是个体数据或者非群体数据，因此使用的是非线性估计过程中的极大似然方法。由上面输出的报告结果可以看出，一个单位 GPA 的变化对于是否达到 A 的机会比率的对数值的影响为 2.826，一个单位 PSI 的变化对于成败比的对数值的影响为 2.379，尽管 TUCE 一项并不显著，但是由 LR 统计量（相当于 OLS 过程中的 F 统计量）的相伴概率可知，所估计的系数是联合显著的。

以下给出 probit 估计过程以便和上面的 logit 过程对比。probit 模型在 EViews 中仅是在 "Binary estimation" 中选择 "Probit" 即可，不再重复这一过程，直接给出估计报告，如图 8-6 所示。

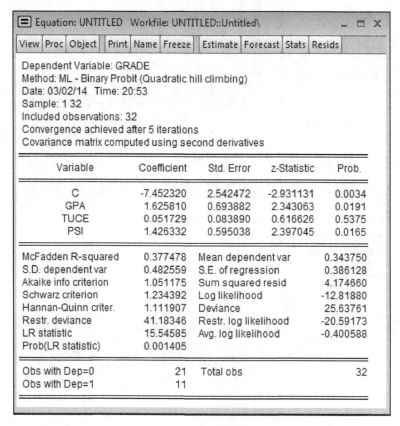

图 8-6　方程输出结果

可以看出在 probit 模型中，TUCE 一项仍然是不显著的，但是 LR 统计量表明，所估计的系数仍是联合显著的。其中 GPA 和 PSI 的系数都是显著的，但与 logit 模型所估计的系数是不同的，考虑两个模型的内在机理不完全相同，这一点无足为奇。这里值得注意的地方是在 probit 模型中构造的是 z 统计量。

第九章　时间序列分析

> 本章一句话提示：平稳性、协整和误差修正模型。

一般把时间序列分析分为两类模型。

一是随机时间序列模型：揭示时间序列不同时点观测值之间的关系，也称为无条件预测模型。随机性时间序列模型包括：$AR(p)$、$MA(q)$、$ARMA(p, q)$，主要用于做无条件预测。

二是时间序列结构模型：通过协整分析，建立反映不同时间序列之间结构关系的模型，揭示不同时间序列在每个时点上都存在的结构关系。

一、平稳时间序列与单位根过程

（一）随机时间序列模型的平稳性

假定某个时间序列是由某一随机过程（stochastic process）生成的，即假定时间序列 $\{x_t\}(t=1, 2, \cdots, n)$ 的每一个数值都是从一个概率分布中随机得到，如果满足下列条件：

（1）均值 $E(x_t)=\mu$ 是与时间 t 无关的常数；

（2）方差 $Var(x_t)=\delta^2$ 是与时间 t 无关的常数；

（3）协方差 $Cov(x_t, x_{t+j})=\gamma k$ 是只与时期间隔 j 有关，与时间 t 无关的常数。

则称该随机时间序列是平稳的（stationary），而该随机过程是一平稳随机过程（stationary stochastic process）。

在严格意义上，随机过程 $\{x_t\}$ 的平稳性是指这个过程的联合和条件概率分布随着时间 t 的改变而保持不变。在实践中，我们更关注弱意义上的平稳或者所谓的协方差平稳。在本章中，平稳皆指协方差平稳。当上述条件中的任意一个被违背时，则称 $\{x_t\}$ 是非平稳的。

1. 平稳随机过程的例子

（1）白噪声过程 $\{\varepsilon_t\}$：
$$E(\varepsilon_t) = 0, Var(\varepsilon_t) = \delta^2, Cov(\varepsilon_t, \varepsilon_{t+j}) = 0, \quad j \neq 0$$

（2）AR（1）过程：
$$y_t = a_0 + a_1 y_{t-1} + \varepsilon_t, |a_1| < 1, \quad \{\varepsilon_t\} \text{ 是白噪声过程}$$

关于 AR（p）过程的平稳性证明，见相关教材。

（3）MA（P）过程：
$$y_t = \varepsilon_t + a_1 \varepsilon_{t-1} + \cdots + a_p \varepsilon_{t-p}, \quad \{\varepsilon_t\} \text{ 是白噪声过程}$$

显然，任意有限阶 MA 过程都是平稳的。

关于 $ARMA(p, q)$ 过程的平稳性，见相关教材。

2. 非平稳随机过程的例子

（1）随机游走：

$$y_t = y_{t-1} + \varepsilon_t，\quad \{\varepsilon_t\} \text{ 是白噪声过程}$$

注意到 $y_t = y_{t-1} + \varepsilon_t = y_{t-2} + \varepsilon_{t-1} + \varepsilon_t = \cdots = y_0 + \sum_{i=1}^{t} \varepsilon_i$，故有：$E(y_t) = y_0$，$\mathrm{Var}(y_t) = t\delta^2$。

显然，随着时期的延伸其方差趋于无穷大，因此随机游走属于非平稳过程。对于过程 $y_t = \mu + y_{t-1} + \varepsilon_t$，其中 $\{\varepsilon_t\}$ 是白噪声过程。该过程被称为带漂移的随机游走。显然这也是一个不平稳的数据生成过程。

（2）单位根过程：

$$y_t = y_{t-1} + \varepsilon_t，\quad \{\varepsilon_t\} \text{ 是平稳过程}$$

显然随机游走是单位根过程的特例。另外，还可以在上述模型基础上增加截距项或者时间趋势项，如下：

$$y_t = \beta_0 + y_{t-1} + \varepsilon_t$$
$$y_t = \beta_0 + \beta_1 t + y_{t-1} + \varepsilon_t$$

上述过程都属于单位根过程。

（3）趋势平稳过程：

$$y_t = \beta_0 + \beta_1 t + \varepsilon_t，\quad \{\varepsilon_t\} \text{ 是平稳过程}$$

由于 $E(y_t) = \beta_0 + \beta_1 t$ 随时间的变化而变化，故该过程是不平稳的。然而，对变量剔除时间趋势之后将得到一个平稳的过程。因此，上述模型被称为趋势平稳过程。

趋势平稳过程在剔除时间趋势之后显示出平稳性。而对过程 $y_t = y_{t-1} + \varepsilon_t$，其中 ε_t 平稳，故 $\Delta y_t = \varepsilon_t$，即通过对变量取差分，可以得到一平稳序列，这样的过程被称为差分平稳过程。

（二）平稳性及其检验

1. 时序图

给出一个随机时间序列，首先可通过该序列的时间路径图（序列图）来粗略地判断它是否是平稳的。一个平稳的时间序列在图形上往往表现出一种围绕其均值不断波动的过程。而非平稳序列则往往表现出在不同的时间段具有不同的均值（如持续上升或持续下降），如图 9-1 所示。

2. 相关图

如果样本自相关函数表现出拖尾性，而偏自相关函数表现出截尾性，可以初步判断数据生成过程是平稳的 AR 过程；如果样本自相关函数表现出截尾性，而偏自相关函数表现出拖尾性，可以初步判断数据生成过程是 MA 过程；如果样本自相关函数表现出拖尾性，而偏自相关函数也表现出拖尾性，可以初步判断数据生成过程是平稳的 ARMA 过程。

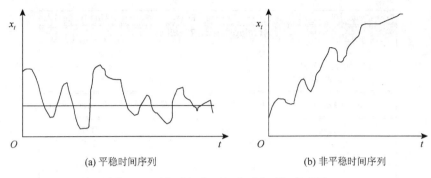

(a) 平稳时间序列　　　　　　　(b) 非平稳时间序列

图 9-1　平稳时间序列与非平稳时间序列图

（1）自相关系数。

定义 ε_t 与 $\varepsilon_{t-\tau}$ 的相关系数为 ρ_τ。为了估计它，首先利用 OLS 估计得到残差序列 $\{\hat{\varepsilon}_t\}$，然后，就 $\hat{\varepsilon}_t$ 对 $\hat{\varepsilon}_{t-\tau}$ 进行无截距回归，则可以得到 $\hat{\rho}_\tau$：

$$\hat{\rho}_\tau = \frac{\sum_{t=\tau+1}^{T} \hat{\varepsilon}_t \hat{\varepsilon}_{t-\tau}}{\sum_{t=\tau+1}^{T} \hat{\varepsilon}_{t-\tau}^2}$$

在原假设 $\rho_\tau = 0$ 下，$\hat{\rho}_\tau \overset{a}{\sim} N(0, 1/T)$，因此，在 95% 的置信水平下，样本自相关函数将落在 $\pm 2 \cdot \dfrac{1}{\sqrt{T}}$ 的区间内，即"两倍的标准误差带内"。

（2）偏自相关系数。

如果关于误差项的模型是 $AR(\tau)$ 形式：

$$\varepsilon_t = p_1 \varepsilon_{t-1} + p_2 \varepsilon_{t-2} + \cdots + p_\tau \varepsilon_{t-\tau} + v_t$$

则 p_τ 被称为误差序列 $\{\varepsilon_t\}$ 的 τ 阶偏自相关系数。对其的估计还是通过对残差进行自回归，那么其相应的估计系数就是 $\hat{p}_\tau$。

$$\hat{\varepsilon}_t = \hat{p}_1 \hat{\varepsilon}_{t-1} + \hat{p}_2 \hat{\varepsilon}_{t-2} + \cdots + \hat{p}_\tau \hat{\varepsilon}_{t-\tau}$$

当误差项可以用 AR、MA、ARMA 模型描述时，其自相关系数、偏自相关系数具有如表 9-1 所示性质。

表 9-1　AC 与 PAC 选择标准

	AC（自相关系数）	PAC（偏自相关系数）
AR（自回归）	拖尾	截尾（按照定义）
MA（移动平均）	截尾	拖尾
ARMA（自回归移动平均）	拖尾	拖尾

注：在讨论上述性质时，误差项皆是平稳的。

误差项观察不到，不得不利用残差来获得对自相关系数及其偏自相关系数的估计。对这些估计结果描图，即得到所谓的相关图，如图 9-2 所示。

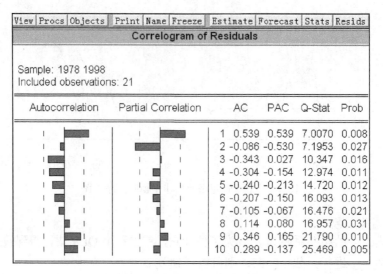

图 9-2　自相关图与偏相关图

图中虚线区域表示两倍的标准误差带。显然，根据样本计算的一阶自相关系数及其一阶、二阶偏自相关系数都超出了两倍的标准误差带。因此，可以得到结论：在 5%显著水平下，拒绝一阶自相关系数及其一阶、二阶偏自相关系数为零的原假设。根据 Q 统计值，也可以得到结论：在 5%显著水平下，拒绝 $\rho_1 = \rho_2 = \cdots = \rho_m = 0(m \leqslant 10)$ 的原假设。

根据图 9-2，还可以认为，一个 AR（2）模型可以被用来描述误差项的数据生成过程。此时从理论上看，偏自相关系数将从第三步开始为零，而自相关系数是拖尾的。基于残差数据所获得的相关图与上述判断一致。

3. 单位根检验（ADF 检验）

考虑模型：

$$y_t = \rho y_{t-1} + \varepsilon_t$$

式中，ε_t 是白噪声。模型可以被改写为

$$\Delta y_t = \lambda y_{t-1} + \varepsilon_t$$

式中，$\lambda = \rho - 1$。

单位根检验等价于检验 λ 是否为零。该检验是一个单尾检验，不考虑 $\rho > 1$ 的情况。因为该情况意味着时间序列是爆炸性。该检验的假设体系是

$$H_0 : \lambda = 0(\Leftrightarrow \ \rho = 1)$$
$$H_1 : \lambda < 0(\Leftrightarrow \ \rho < 1)$$

与往常一样，利用 t 统计量来进行检验。然而，在原假设下，此时的 t 统计量并不服从 t 分布，而是服从 DF 分布，为了强调这一点，一般把这里的 t 统计量改称为 τ 统计量。若计算出的 τ 值小于临界值（临界值是一个负数），则在某个显著水平下拒绝原假设，反之则不拒绝原假设。

上述检验被称为 DF 检验。在 DF 检验中，初始模型的误差项是白噪声，然而实际情况可能并不如此。此时，应该重新建立模型，以保证误差项是白噪声。新的检验模型是

$$\Delta y_t = \lambda y_{t-1} + \sum_{i=1}^{p} \theta_i \Delta y_{t-i} + v_t$$

Δy_{t-i} 的引入就是为了使新的误差项是白噪声。上述检验单位根的方法被称为扩展的 DF 检验（ADF 检验）。显然，DF 检验模型是 ADF 检验模型的特例。

ADF 检验一般具有三种检验模型设定。模型的选择是一个十分重要的问题，不当的选择将导致检验结论不可靠。

$$\text{模型1:} \quad \Delta y_t = \lambda y_{t-1} + \sum_{i=1}^{p} \theta_i \Delta y_{t-i} + v_t$$

$$\text{模型2:} \quad \Delta y_t = a + \lambda y_{t-1} + \sum_{i=1}^{p} \theta_i \Delta y_{t-i} + v_t$$

$$\text{模型3:} \quad \Delta y_t = a + \beta t + \lambda y_{t-1} + \sum_{i=1}^{p} \theta_i \Delta y_{t-i} + v_t$$

实际检验时从模型 3 开始，然后模型 2、模型 1。一般，当数据表现出较明显的确定性时间趋势时，选择模型 3。何时检验拒绝零假设，即原序列不存在单位根，为平稳序列，何时检验停止。否则，就要继续检验，直到检验完模型 1。当三个模型的检验结果都不能拒绝零假设时，则认为时间序列是非平稳的。这里所谓模型适当的形式就是在每个模型中选取适当的滞后差分项，以使模型的残差项是一个白噪声（主要保证不存在自相关）。

ADF 检验原理与 DF 检验相同，只是对模型 1、2、3 进行检验时，有各自相应的临界值。

二、协整与误差修正模型

（一）单整

随机游走序列 $x_t = x_{t-1} + \mu_t$ 经差分后等价地变形为 $\Delta x_t = \mu_t$，由于 μ_t 是一个白噪声，因此差分后的序列 $\{\Delta x_t\}$ 是平稳的。如果一个时间序列经过一次差分变成平稳的，就称原序列是一阶单整（integrated of 1）序列，记为 $I(1)$。

一般地，如果一个时间序列经过 d 次差分后变成平稳序列，则称原序列是 d 阶单整（integrated of d）序列，记为 $I(d)$。

显然，$I(0)$ 代表一平稳时间序列。现实经济生活中只有少数经济指标的时间序列表现为平稳的，如利率等。大多数指标的时间序列是非平稳的，一般可通过一次或多次差分的形式变为平稳的。但也有一些时间序列，无论经过多少次差分，都不能变为平稳的。这种序列被称为非单整的（non-integrated）。

一些非平稳的经济时间序列往往表现出共同的变化趋势，而这些序列间本身不一定有直接的关联关系，这时对这些数据进行回归，尽管有较高的 R^2，但其结果是没有任何实际意义的。这种现象称为虚假回归或伪回归（spurious regression）。

（二）协整

有些时间序列本身是非平稳的，但几个非平稳序列的线性组合却是平稳的，这种线性组合反映了几个非平稳变量之间有着长期的稳定关系，即它们之间是协整的（cointegration），对于非平稳序列，只有存在协整关系，才可以使用经典回归模型方法建立回归模型。协整关系存在说明变量之间会相互影响，这就为建模提供依据。

1. 协整定义

（1）如果时间序列 $\{x_{1t}, x_{2t}, \cdots, x_{kt}\}$ 都是 d 阶单整 $I(d)$；

（2）如果一非零的常数向量存在向量 $\alpha=(\alpha_1, \alpha_2, \cdots, \alpha_k)$，使得

$$Z_t=\alpha X^{\mathrm{T}} \sim I(d-b)$$

式中，$b>0$，$X=(x_{1t}, x_{2t}, \cdots, x_{kt})^{\mathrm{T}}$，则认为序列 $\{x_{1t}, x_{2t}, \cdots, x_{kt}\}$ 是 (d, b) 阶协整，记为 $x_t \sim$ CI(d, b)，α 为协整向量（cointegrated vector）。

特别说明：如果两个变量都是单整变量，只有当它们的单整阶数相同时，才可能协整；如果它们的单整阶数不相同，就不可能协整。三个以上的变量，如果具有不同的单整阶数，有可能经过线性组合构成低阶单整变量。

从这里，初步认识到：检验变量之间的协整关系，在建立时间序列计量经济学模型中是非常重要的。从变量之间是否具有协整关系出发选择模型的变量，其数据基础是牢固的，其统计性质是优良的。

2. 协整检验

（1）EG 两步法。

按照 Engle 和 Granger 提出的 EG 两步法，首先利用 OLS 法估计模型 $y_t = \alpha + \beta x_t + \varepsilon_t$ 并得到残差 $\hat{\varepsilon}_t$，接下来对残差序列进行单位根检验：

$$\Delta\hat{\varepsilon}_t = \gamma\hat{\varepsilon}_{t-1} + \sum_{i=1}^{p}\beta_i\Delta\hat{\varepsilon}_{t-i} + v_t$$

应该注意到，由于残差均值为零，所以对残差序列进行单位根检验时并没有加入截距项。

在进行上述检验时特别值得注意的是，由于利用 $\hat{\varepsilon}_t$ 来近似 ε_t（误差项观测不到），故单位根检验所用的临界值表不同于通常的单位根检验临界值。事实上，此时的临界值还取决于第一步回归方程的形式。Hamilton（1994）给出了临界值表，如表 9-2 所示。

表 9-2　EG 两步法临界值表

回归模型	1%	5%	10%
（1）$y_t = \beta x_t + \varepsilon_t$	−3.39	−2.76	−2.45
（2）$y_t = \alpha + \beta x_t + \varepsilon_t$	−3.96	−3.37	−3.07
（3）$y_t = \alpha + \lambda t + \beta x_t + \varepsilon_t$	−3.98	−3.42	−3.13

问题是在第一步如何选择回归模型呢？一般的准则是，若各变量并没有表现出明显的确定性趋势，则选择回归模型（2）；若有变量表现出明显的确定性趋势，则选择回归模型（3）；一般不选择模型（1）。

前面的例子是两变量情形，如果涉及多变量，仍然可以利用 EG 两步法，但要参照不

同的临界值表，可参见 Stock 和 Watson（2004）。然而在多变量情形下一个问题是，可能存在多个协整关系，但 EG 两步法并没有考虑到这一点，因此，利用 EG 两步法检验多变量协整检验是有缺陷的，而此时标准的检验方法是协整检验法。

（2）Johansen 协整检验。

EViews 中有 Johansen Cointegration Test 的功能，关于 Johansen 检验详细的推导过程可以参阅书（李子奈和叶阿忠，2000）及书（高铁梅，2009）。

（三）误差修正模型

1. Granger 表述定理

是否变量间的关系都可以通过误差修正模型来表述？Granger 表述定理解决了这个问题。Engle 与 Granger 于 1987 年提出了著名的 Granger 表述定理。

如果变量 X 与 Y 是协整的，则它们间的短期非均衡关系总能由一个误差修正模型表述：

$$\Delta y_t = \text{lagged}(\Delta Y, \Delta X) - \lambda \mu_{t-1} + \varepsilon_t$$

式中，$0 < \lambda < 1$。μ_{t-1} 是非均衡误差项或者说成是长期均衡偏差项；λ 是短期调整参数。

2. 误差修正模型

误差修正模型（error correction model，ECM）是一种具有特定形式的计量经济学模型，它的主要形式是由 Davidson、Hendry、Srba 和 Yeo 于 1978 年提出的，也称为 DHSY 模型。

以两变量为例。假设 x_t, y_t 都是一阶单整的，但两者具有协整关系 $y_t = \theta x_t$。根据 Granger 表述定理，此时应该存在误差修正模型：

$$\Delta y_t = \beta_1 \Delta x_t - \lambda(y_{t-1} - \alpha_0 - \alpha_1 x_{t-1}) + \varepsilon_t$$

称为一阶误差修正模型（first-order error correction model）。其中残差项为白噪声。也可以简写成

$$\Delta y_t = \beta_1 \Delta x_t - \lambda \text{ecm}_{t-1} + \varepsilon_t$$

式中，ecm_{t-1} 表示误差修正项。

在多变量情况下，由于可能存在多个独立的协整关系，则 ECM 中将存在多个误差修正项。对这种情形，Johansen（1995）提出了基于 MLE 法的系统估计方法。

误差修正模型的优点如下。

（1）一阶差分项的使用消除了变量可能存在的趋势因素，从而避免了虚假回归问题。

（2）一阶差分项的使用也消除模型可能存在的多重共线性问题。

（3）误差修正项的引入保证了变量水平值的信息没有被忽视。

（4）由于误差修正项本身的平稳性，该模型可以用经典的回归方法进行估计，尤其是

模型中差分项可以使用通常的 t 检验与 F 检验来进行选取。

【例 9-1】   ADF 检验。

【目的】   让读者分别用图示法、自相关图、ADF 检验三种方法来判定一个时间序列是否是非平稳。

【问题的描述】   根据统计年鉴上给出的 1978～2012 年的名义 GDP 和 1978 年=100 的 GDP 指数序列，将名义 GDP 核算为以 1978 年为基期的不变价 GDP（表 9-3），通过图示法、自相关图（统计量）、ADF 检验三种方法来判定不变价 GDP 的平稳性。

表 9-3   1978～2012 年不变价 GDP（单位：亿元）

年份	不变价 GDP	年份	不变价 GDP
1978	3645.2	1996	20143.5
1979	3922.3	1997	22013.5
1980	4228.5	1998	23737.7
1981	4450.8	1999	25549.3
1982	4851.8	2000	27700.0
1983	5380.3	2001	30000.2
1984	6196.9	2002	32726.8
1985	7031.6	2003	36007.5
1986	7655.0	2004	39638.1
1987	8540.8	2005	44121.7
1988	9503.1	2006	49713.5
1989	9889.5	2007	56756.1
1990	10268.6	2008	62223.9
1991	11212.7	2009	67957.8
1992	12809.3	2010	75055.1
1993	14595.5	2011	82035.7
1994	16505.6	2012	88312.7
1995	18309.9		

注：1978 年为基期

【EViews 实现过程】

（1）图示法。

对于图 9-3（a）发现不变价 GDP 随着时间有着明显上升的趋势，因此，初步推断不变价 GDP 是非平稳的。

对于图 9-3（b）发现不变价 GDP 的样本自相关函数并没有立刻趋向于零[①]。

---

① 对于平稳序列的样本自相关函数图的判断，一方面要快速趋于 0，另一方面要呈现收敛的趋势。

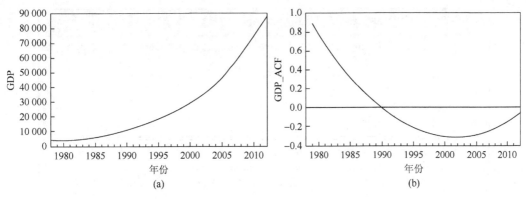

图 9-3　时序图

（2）自相关图法。

通过统计量可以检验样本自相关函数都为 0 的联合假设。在 EViews 中选中并双击 GDP 序列，单击 "View" → "Correlogram"，由于有 35 次观测，所以选择 34 阶滞后。在 "Lags to include" 填入 "34"，如图 9-4 和图 9-5 所示，然后单击 "OK"，得到结果如图 9-6 所示。

图 9-4　View 菜单选项

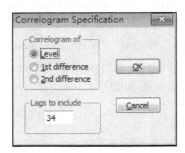

图 9-5　自相关图选项对话框

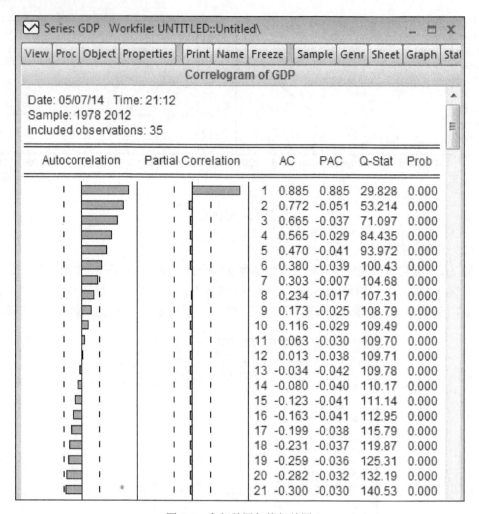

图 9-6　自相关图与偏相关图

发现统计量的相伴概率 P 值都是接近 0 的，那么就可以在 1% 的显著水平上拒绝样本自相关系数为零的联合假设，由此断定不变价 GDP 是非平稳的。

（3）ADF 检验。

①首先从带有时间趋势项和截距项的模型 3 开始，双击 GDP 序列，单击"View"→"Unit Root Test"，在"Test type"中选择"Augmented Dickey-Fuller"，由于要对不变价 GDP 的水平值进行 ADF 检验，所以在"Test for unit root in"选择"Level"。首先检验的是模型 3，所以在"Include in test equation"中选择"Trend and intercept"表示所要检验的模型带有时间趋势项和截距项，在滞后项的长度选择上选择"User specified"并填入"1"①，如图 9-7 所示。单击"OK"得到结果如图 9-8 所示。

---

① 也可以根据研究者的需要将滞后项长度选择准则基于 SIC 或者 AIC 等其他准则来让 EViews 自动选取，这里为了方便叙述选择一个更为简洁的模型，所以选择自己设定，并用 LM 检验来检验模型是否是稳定的（关于滞后阶数选取的准则究竟是基于哪一种可见书（古扎拉蒂和波特，2011）P764 的讨论）。

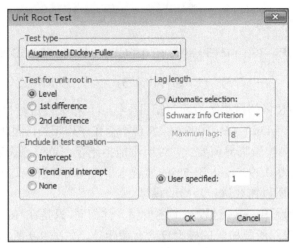

图 9-7 单位根检验对话框

```
Series: GDP  Workfile: ADF::Untitled\            _ □ X

View Proc Object Properties | Print Name Freeze | Sample Genr Sheet Graph
              Augmented Dickey-Fuller Unit Root Test on GDP

Null Hypothesis: GDP has a unit root
Exogenous: Constant, Linear Trend
Lag Length: 1 (Fixed)

                                          t-Statistic      Prob.*

Augmented Dickey-Fuller test statistic     0.752698        0.9995
Test critical values:     1% level        -4.262735
                          5% level        -3.552973
                          10% level       -3.209642

*MacKinnon (1996) one-sided p-values.


Augmented Dickey-Fuller Test Equation
Dependent Variable: D(GDP)
Method: Least Squares
Date: 05/08/14  Time: 09:40
Sample (adjusted): 1980 2012
Included observations: 33 after adjustments
```

Variable	Coefficient	Std. Error	t-Statistic	Prob.
GDP(-1)	0.016410	0.021802	0.752698	0.4577
D(GDP(-1))	0.672044	0.198940	3.378123	0.0021
C	-179.4434	248.1858	-0.723020	0.4755
@TREND(1978)	39.84803	26.10599	1.526394	0.1377

R-squared	0.946137	Mean dependent var		2557.288
Adjusted R-squared	0.940565	S.D. dependent var		2227.086
S.E. of regression	542.9482	Akaike info criterion		15.54512
Sum squared resid	8548991.	Schwarz criterion		15.72651
Log likelihood	-252.4944	Hannan-Quinn criter.		15.60615
F-statistic	169.8008	Durbin-Watson stat		1.676613
Prob(F-statistic)	0.000000			

图 9-8 方程输出结果

注：这里的问题是看单位根的 t 值可知其并不显著，但是如果将滞后长度的设定选为基于 SIC
的自动选择，单位根的系数就是显著的

括号内为对应的 P 值:

$$\Delta\text{GDP}=-179.443+39.848T+0.016\text{GDP}(-1)+0.672\Delta\text{GDP}(-1)$$

$$(-0.723)\quad(1.526)\quad(0.753)\qquad(3.378)$$

通过 LM 检验即拉格朗日乘数检验对随机干扰项自相关性进行检验,LM（1）=1.389（P=0.2386），LM（2）=4.621（P=0.0992），发现不存在序列相关,因此模型设定是正确的。

由 t 值比单尾左侧检验临界值要大,说明不能拒绝存在单位原为零的原假设,另外由 t 值的相伴概率 P 值为 0.9995,大于 5%的显著水平,也可以发现这一点,同时发现时间趋势项 T 并不显著,所以需要进一步检验模型 2。

②对模型 2 的检验。EViews 过程与上述步骤大体相同,只是在"Include in test equation"中选择"Intercept"表示所要检验的模型仅含有截距项,如图 9-9 所示,单击"OK"得到结果如图 9-10 所示。

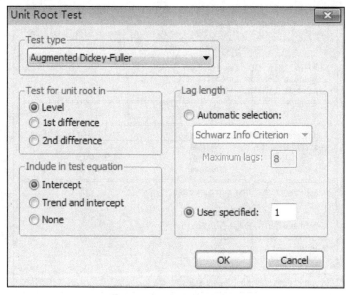

图 9-9　单位根检验对话框

模型 2 对应的方程为

$$\Delta\text{GDP}=127.073+0.032\,\text{GDP}(-1)+0.674\Delta\text{GDP}(-1)$$

$$(0.853)\quad(1.641)\qquad(3.314)$$

通过 LM 检验发现,LM（1）=1.846（P=0.1742），LM（2）=4.482（P=0.1063），可知模型设定是正确的,得 t 值为正都大于临界值,不能拒绝存在单位根为零的原假设,同时发现截距项的 t 值表明并不显著,需要进一步检验模型 1。

③对模型 1 的检验。同样的 EViews 过程与上述步骤大体相同,只是在"Include in test equation"中选择"None"表示所要检验的模型不含时间趋势项和截距项,如图 9-11 所示,得到结果如图 9-12 所示。

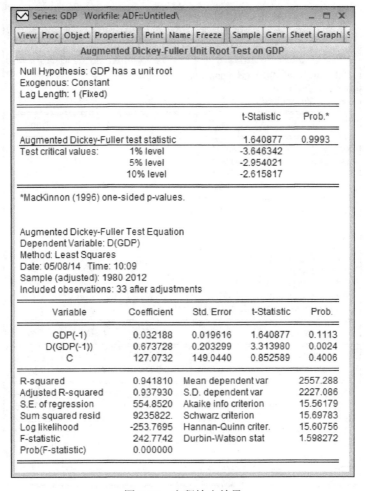

图 9-10　方程输出结果

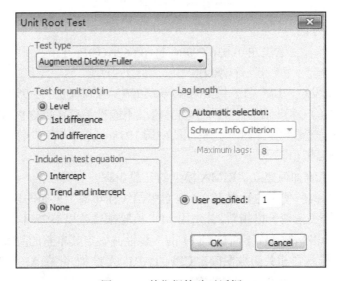

图 9-11　单位根检验对话框

```
Series: GDP   Workfile: ADF::Untitled\                    _ □ X
View Proc Object Properties   Print Name Freeze   Sample Genr Sheet Graph
            Augmented Dickey-Fuller Unit Root Test on GDP
```

Null Hypothesis: GDP has a unit root
Exogenous: None
Lag Length: 1 (Fixed)

		t-Statistic	Prob.*
Augmented Dickey-Fuller test statistic		1.902453	0.9843
Test critical values:	1% level	-2.636901	
	5% level	-1.951332	
	10% level	-1.610747	

*MacKinnon (1996) one-sided p-values.

Augmented Dickey-Fuller Test Equation
Dependent Variable: D(GDP)
Method: Least Squares
Date: 05/08/14   Time: 10:26
Sample (adjusted): 1980 2012
Included observations: 33 after adjustments

Variable	Coefficient	Std. Error	t-Statistic	Prob.
GDP(-1)	0.036115	0.018984	1.902453	0.0664
D(GDP(-1))	0.662134	0.201948	3.278735	0.0026

R-squared	0.940400	Mean dependent var	2557.288
Adjusted R-squared	0.938477	S.D. dependent var	2227.086
S.E. of regression	552.4026	Akaike info criterion	15.52512
Sum squared resid	9459608.	Schwarz criterion	15.61582
Log likelihood	-254.1645	Hannan-Quinn criter.	15.55564
Durbin-Watson stat	1.558353		

图 9-12　方程输出结果

模型 1 对应的方程为

$$\Delta GDP = 0.036\,GDP(-1) + 0.662\Delta GDP(-1)$$
$$(1.902) \qquad\qquad (3.279)$$

通过 LM 检验发现，LM（1）=1.868（P=0.1717），LM（2）=3.999（P=0.1354），可知模型设定是正确的，得 t 值为正都大于临界值，不能拒绝存在单位根为零的原假设。

通过以上的检验发现以 1978 年为基期的中国 1978～2012 年不变价 GDP 是非平稳的。

【例 9-2】　ARIMA 模型。

【目的】　让读者了解如何建立 ARIMA 模型的一般步骤。

【问题的描述】　本例所使用的数据表 9-4 来自中国统计年鉴上公布的以 1978 年为基期的从 1978～2012 年居民消费价格指数，首先用 ADF 检验来检查以 1978 年为基期的从 1978～2011 年居民消费价格指数（以下简称 CPI）的平稳性并确定其单整的阶数，然后通过差分使其平稳，再通过样本自相关函数图确定 CPI 的 ARIMA 结构，建立 ARIMA 模型并对 2012 年的 CPI 进行预测，与 2012 年公布的实际 CPI 进行比较。

表 9-4 **1978～2012 年的居民消费价格指数**（1978 年=100）

年份	居民消费价格指数（1978=100）	年份	居民消费价格指数（1978=100）
1978	100.0	1996	429.9
1979	101.9	1997	441.9
1980	109.5	1998	438.4
1981	112.2	1999	432.2
1982	114.4	2000	434.0
1983	116.7	2001	437.0
1984	119.9	2002	433.5
1985	131.1	2003	438.7
1986	139.6	2004	455.8
1987	149.8	2005	464.0
1988	177.9	2006	471.0
1989	209.9	2007	493.6
1990	216.4	2008	522.7
1991	223.8	2009	519.0
1992	238.1	2010	536.1
1993	273.1	2011	565.0
1994	339.0	2012	579.7
1995	396.9		

【EViews 实现过程】

（1）平稳性检验与单整阶数的确定。

首先要建立一个 1978～2011 年的时间序列工作文件①，如图 9-13 所示，将数据输入后双击 CPI。

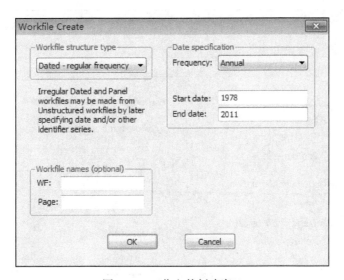

图 9-13 工作文件创建窗口

---

① 这里之所以要表明一下这个工作文件时间序列结构，就是因为后来要用 ARIMA 模型预测时要修改时间序列的结构。

    在进行 ADF 检验时点击 "View" → "Unit Root Test"，如图 9-14 所示。在 "Test type" 中选择 "Augmented Dickey-Fuller"，由于检验的是 CPI 的水平值，所以在 "Test for unit root in" 选择 "Level"，检验的是模型 3，所以在 "Include in test equation" 中选择 "Trend and intercept" 表示所要检验的模型带有时间趋势项和截距项，然后单击 "OK"，如图 9-15 所示，得到结果如图 9-16 所示。

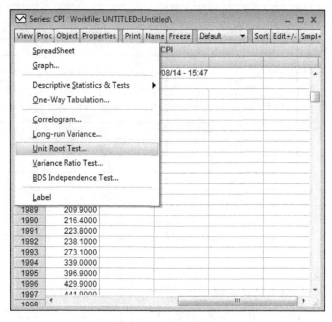

图 9-14　View 菜单选项

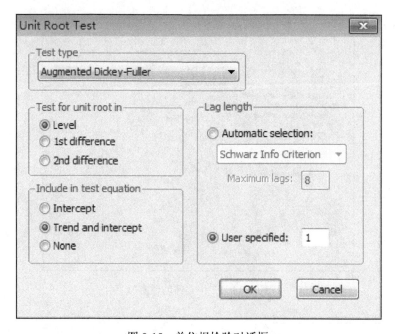

图 9-15　单位根检验对话框

Series: CPI Workfile: UNTITLED::Untitled\   _ □ X

View | Proc | Object | Properties | Print | Name | Freeze | Sample | Genr | Sheet | Graph | S

Augmented Dickey-Fuller Unit Root Test on CPI

Null Hypothesis: CPI has a unit root
Exogenous: Constant, Linear Trend
Lag Length: 1 (Fixed)

		t-Statistic	Prob.*
Augmented Dickey-Fuller test statistic		-2.979579	0.1532
Test critical values:	1% level	-4.273277	
	5% level	-3.557759	
	10% level	-3.212361	

*MacKinnon (1996) one-sided p-values.

Augmented Dickey-Fuller Test Equation
Dependent Variable: D(CPI)
Method: Least Squares
Date: 05/08/14 Time: 16:00
Sample (adjusted): 1980 2011
Included observations: 32 after adjustments

Variable	Coefficient	Std. Error	t-Statistic	Prob.
CPI(-1)	-0.166860	0.056001	-2.979579	0.0059
D(CPI(-1))	0.722663	0.127917	5.649460	0.0000
C	9.723083	5.015469	1.938619	0.0627
@TREND(1978)	2.723393	0.925060	2.944017	0.0064

R-squared	0.562730	Mean dependent var	14.47188
Adjusted R-squared	0.515880	S.D. dependent var	17.00408
S.E. of regression	11.83123	Akaike info criterion	7.895831
Sum squared resid	3919.383	Schwarz criterion	8.079048
Log likelihood	-122.3333	Hannan-Quinn criter.	7.956562
F-statistic	12.01123	Durbin-Watson stat	1.681940
Prob(F-statistic)	0.000031		

图 9-16 方程输出结果

①对模型 3 的检验，括号内为 t 值。

$$\Delta CPI = 9.723 + 2.723T - 0.167\,CPI(-1) + 0.723\,\Delta CPI(-1)$$
$$(1.939)(2.944)(-2.980) \qquad (5.649)$$

通过 LM 检验发现，LM（1）=1.272（P=0.2594），LM（2）=3.677（P=0.1591），含有一阶滞后项的模型 3 不存在序列相关，所设定的模型是稳定的。得 t 值大于临界值，所以拒绝单位根为零的原假设，需要进一步检验模型 2。

②对模型 2 的检验。检验步骤是相同的，仅是在 "Include in test equation" 中选择 "Intercept"，表示所要检验的模型仅含有截距项（图 9-17）。由于仅含一阶滞后项的模型 2 没有通过 LM 检验，使用含有二阶滞后项的模型 2，单击 "OK" 得到结果如图 9-18 所示。

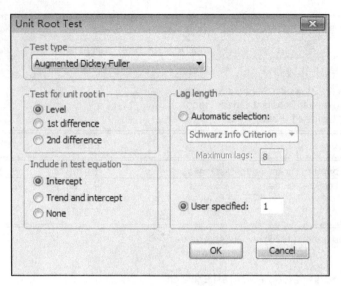

图 9-17　单位根检验对话框

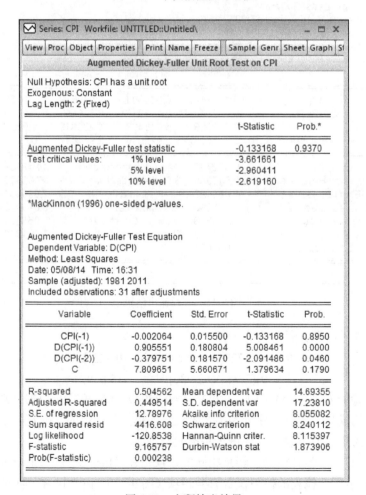

图 9-18　方程输出结果

$$\Delta CPI=7.81-0.002\, CPI(-1)+0.906\, \Delta CPI(-1)-0.38\, \Delta CPI(-2)$$
$$(1.38)(-0.133) \qquad (5.008) \qquad (-2.091)$$

通过 LM 检验发现，LM（1）=0.511（P=0.4746），LM（2）=2.664（P=0.264），含有 2 阶滞后项的模型 2 是不存在序列相关的，得 t 值小于临界值，说明不能拒绝单位为零的原假设，需要进一步检验模型 1。

③对模型 1 的检验。检验步骤是相同的，仅是在"Include in test equation"中选择"None"，表示所要检验的模型仅不含时间趋势项和截距项（图 9-19）。由于仅含一阶滞后项的模型 1 没有通过 LM 检验，使用含有二阶滞后项的模型 1 来进行检验。单击"OK"后得到结果如图 9-20 所示。

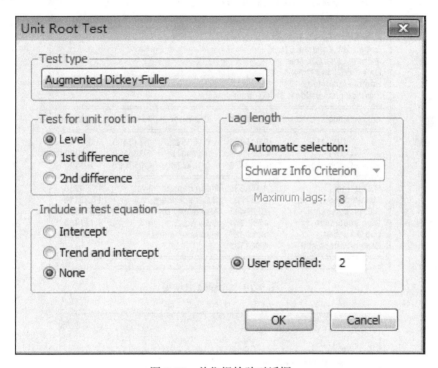

图 9-19　单位根检验对话框

$$\Delta CPI=0.016+0.958\, \Delta CPI(-1)-0.379\, \Delta CPI(-2)$$
$$(1.845)(5.331) \qquad (-2.057)$$

通过 LM 检验发现，LM（1）=0.412（P=0.5208），LM（2）=1.171（P=0.5568），含有 2 阶滞后项的模型 2 是不存在序列相关的，得 t 值小于临界值，说明不能拒绝单位为零的原假设。

通过以上的检验断定以 1978 年为基期的 1978～2011 年的居民消费价格指数是非平稳的。

通过依此对 CPI 一阶差分状态的模型进行 ADF 检验，处理过程与上述过程相似，仅是在"Test for unit root in"中选择"1st difference"，如图 9-21 所示，得到结果如图 9-22 所示。

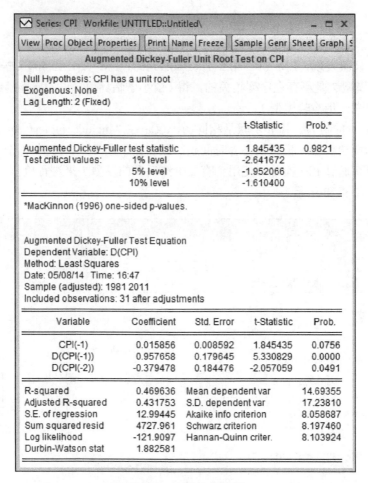

图 9-20　方程输出结果

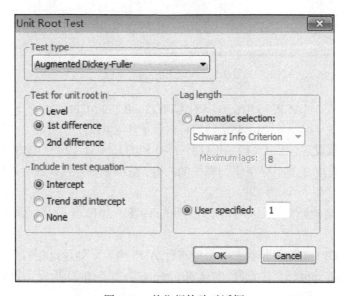

图 9-21　单位根检验对话框

```
☑ Series: CPI  Workfile: UNTITLED::Untitled\          _ □ ✕
View Proc Object Properties | Print Name Freeze | Sample Genr Sheet Graph
           Augmented Dickey-Fuller Unit Root Test on D(CPI)
```

Null Hypothesis: D(CPI) has a unit root
Exogenous: Constant
Lag Length: 1 (Fixed)

		t-Statistic	Prob.*
Augmented Dickey-Fuller test statistic		-3.239318	0.0271
Test critical values:	1% level	-3.661661	
	5% level	-2.960411	
	10% level	-2.619160	

*MacKinnon (1996) one-sided p-values.

Augmented Dickey-Fuller Test Equation
Dependent Variable: D(CPI,2)
Method: Least Squares
Date: 05/08/14   Time: 17:03
Sample (adjusted): 1981 2011
Included observations: 31 after adjustments

Variable	Coefficient	Std. Error	t-Statistic	Prob.
D(CPI(-1))	-0.476846	0.147206	-3.239318	0.0031
D(CPI(-1),2)	0.383599	0.176084	2.178497	0.0379
C	7.177924	3.033895	2.365910	0.0251

R-squared	0.288752	Mean dependent var	0.687097
Adjusted R-squared	0.237948	S.D. dependent var	14.39182
S.E. of regression	12.56342	Akaike info criterion	7.991222
Sum squared resid	4419.509	Schwarz criterion	8.129995
Log likelihood	-120.8639	Hannan-Quinn criter.	8.036459
F-statistic	5.683700	Durbin-Watson stat	1.878148
Prob(F-statistic)	0.008478		

图 9-22　方程输出结果

一阶差分后 CPI 的模型 2 为

$$\Delta^2 CPI = 7.178 - 0.477\,\Delta CPI(-1) + 0.384\,\Delta^2 CPI(-1)$$
$$(2.366)(-3.239) \qquad (2.178)$$

通过 LM 检验发现，LM（1）=0.467（P=0.4943），LM（2）=2.512（P=0.2847），一阶差分后 CPI 的模型 2 是不存在序列相关的，得 t 值小于 5%的显著水平的临界值，说明拒绝单位为零的原假设，即一阶差分后 CPI 是平稳的，说明 CPI 序列是 $I(1)$ 的。

（2）判定 ARIMA 的结构。

建立的一阶差分 CPI 的自相关图。双击 CPI 序列，单击 "View" → "Correlogram"（图 9-23），在 "Correlogram of" 中选择 "1st difference"，由于想看到全部的样本自相关系数，34 个观测样本，差分后有 33 个观测样本，这里在 "Lags to include" 中填入 "32"，然后单击 "OK"，如图 9-24 所示，得到结果如图 9-25 所示。

图 9-23 View 菜单选项

图 9-24 自相关图设定对话框

	AC	PAC	Q-Stat	Prob
1	0.636	0.636	14.620	0.000
2	0.198	-0.348	16.078	0.000
3	0.006	0.111	16.079	0.001
4	-0.144	-0.256	16.904	0.002
5	-0.178	0.113	18.211	0.003
6	-0.093	-0.025	18.583	0.005
7	-0.090	-0.121	18.946	0.008
8	-0.196	-0.187	20.728	0.008
9	-0.247	-0.049	23.665	0.005
10	-0.233	-0.085	26.382	0.003
11	-0.201	-0.059	28.510	0.003
12	-0.180	-0.174	30.291	0.003
13	-0.144	-0.061	31.493	0.003
14	-0.123	-0.136	32.405	0.004
15	-0.075	0.009	32.767	0.005
16	0.053	0.027	32.958	0.007
17	0.113	-0.130	33.882	0.009
18	0.136	0.051	35.305	0.009
19	0.162	-0.048	37.480	0.007
20	0.058	-0.200	37.778	0.009
21	0.018	0.127	37.809	0.014
22	0.080	-0.098	38.481	0.016
23	0.060	-0.070	38.903	0.020
24	-0.005	-0.098	38.906	0.028
25	-0.010	-0.022	38.921	0.038
26	-0.003	0.006	38.922	0.050
27	-0.014	-0.033	38.959	0.064
28	-0.023	-0.106	39.080	0.080
29	-0.030	-0.029	39.348	0.095
30	0.003	0.082	39.352	0.118
31	-0.015	-0.113	39.475	0.141
32	-0.020	0.017	39.928	0.158

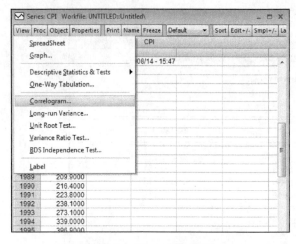

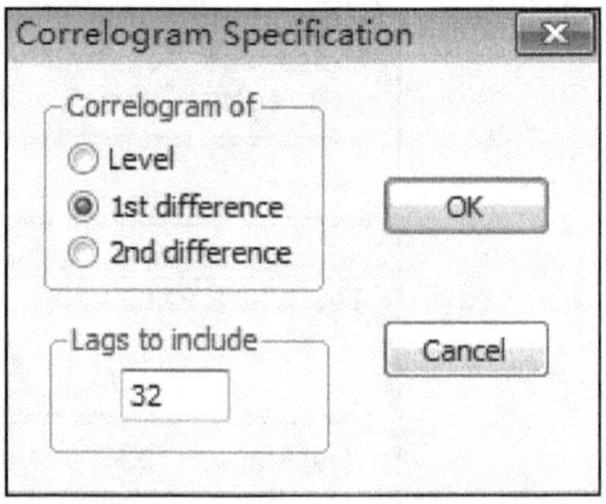

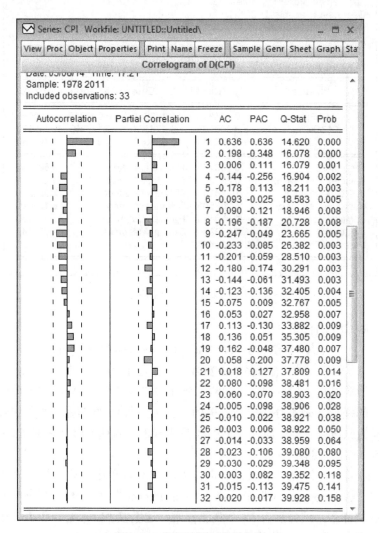

图 9-25 自相关图与偏相关图

通过上述自相关图可以判定 CPI 的一阶差分服从的 **ARIMA**（1, 1, 1）的结构。建立 **ARIMA** 模型，单击"Quick"→"Estimate Equation"（图 9-26），在弹出的方程估计对话框中输入"D(CPI) AR(1) MA(1)"，然后单击"确定"，如图 9-27 所示。得到结果如图 9-28 所示。

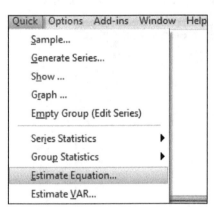

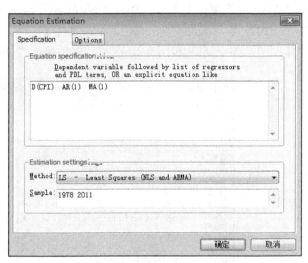

图 9-26 Quick 菜单选项　　　　　　图 9-27 列表法设定方程形式窗口

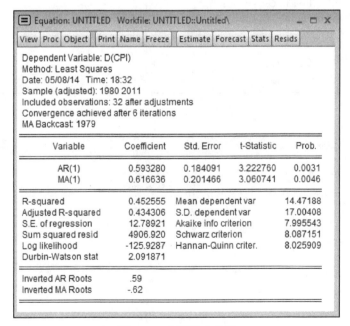

图 9-28 方程输出结果

对于具有 **ARIMA**（1, 1, 1）结构的一阶差分 CPI 模型估计结果为

$$\Delta CPI = 0.593\Delta CPI(-1) + 0.617\varepsilon_{2010}$$

$$(3.223) \qquad (3.061)$$

（3）ARIMA 模型的预测。

首先建立 1978～2011 年一阶差分 CPI 的 ARIMA 模型，想要通过现有的模型来预测 2012 年 CPI 的值，并对预测效果给出评价，由于在先前估计 ARIMA 模型时所建立的时间序列结构为 1978～2011 年，要对 2012 年的 CPI 进行预测首先要修改时间序列的结构。在 "Workfile" 窗口中选择 "Structure/Resize Current Page" 将现有的时间序列结构从原来 1978～2011 年修改为 1978～2012 年，这样 EViews 才能为将要做的预测工作分配数据的存储空间。如图 9-29 和图 9-30 所示，然后单击 "OK"，得到结果如图 9-31 所示。

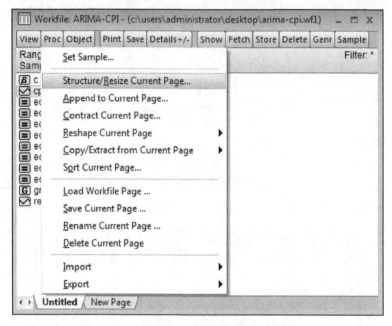

图 9-29　Proc 菜单选项

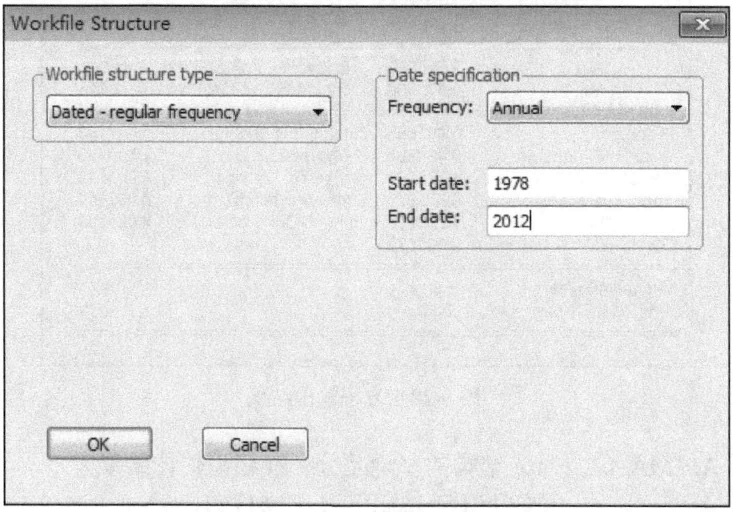

图 9-30　修改工作文件时间范围对话框

Equation: EQ08 Workfile: ARIMA-CPI::Untitled\

View | Proc | Object | Print | Name | Freeze | Estimate | Forecast | Stats | Resids

Dependent Variable: D(CPI)
Method: Least Squares
Date: 05/08/14 Time: 18:32
Sample (adjusted): 1980 2011
Included observations: 32 after adjustments
Convergence achieved after 6 iterations
MA Backcast: 1979

Variable	Coefficient	Std. Error	t-Statistic	Prob.
AR(1)	0.593280	0.184091	3.222760	0.0031
MA(1)	0.616636	0.201466	3.060741	0.0046

R-squared	0.452555	Mean dependent var	14.47188
Adjusted R-squared	0.434306	S.D. dependent var	17.00408
S.E. of regression	12.78921	Akaike info criterion	7.995543
Sum squared resid	4906.920	Schwarz criterion	8.087151
Log likelihood	-125.9287	Hannan-Quinn criter.	8.025909
Durbin-Watson stat	2.091871		

Inverted AR Roots	.59
Inverted MA Roots	-.62

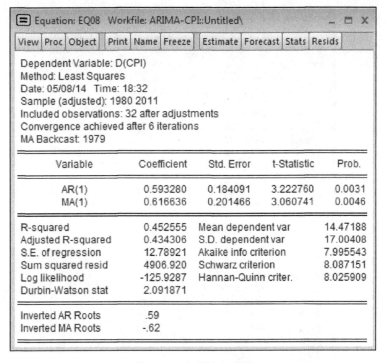

图 9-31　方程输出结果

接着打开估计的 ARIMA 方程单击“Forecast”，操作如图 9-32 所示，单击“OK”，得到预测值如图 9-33 所示。

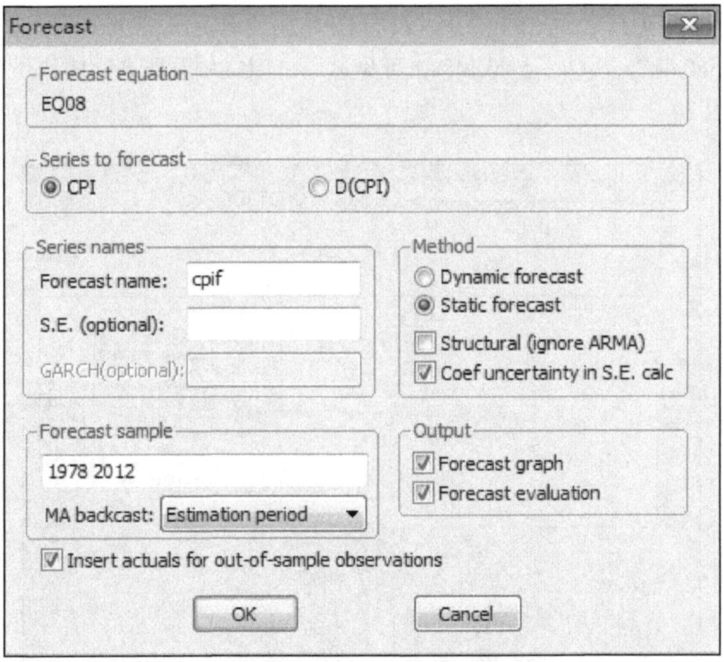

图 9-32　预测对话框

Series: CPIF Workfile: ARIMA-CPI::Untitled\	_ □ X
View Proc Object Properties	Print Name Freeze	Default

	CPIF		
1992	236.1516		
1993	247.7854		
1994	309.4747		
1995	396.3035		
1996	431.6187		
1997	448.4184		
1998	444.9999		
1999	432.2538		
2000	428.4885		
2001	438.4665		
2002	437.8755		
2003	428.7254		
2004	447.9358		
2005	470.7945		
2006	464.6752		
2007	479.0531		
2008	515.9783		
2009	544.1093		
2010	501.3216		
2011	567.6907		
2012	580.4866		

图 9-33　预测值

在弹出的 Forecast 窗口中将所要预测的序列选为 CPI，然后单击"OK"。这时 EViews
会自动生成 CPIF 序列代表对 CPI 估计，双击 CPIF2012 年那一年的对应值就是对 CPI 的预
测值，这里为 580.487，高估了约 0.14%，可见运用 ARIMA 模型进行估计还有较高精度的。
具体图例见图 9-34。

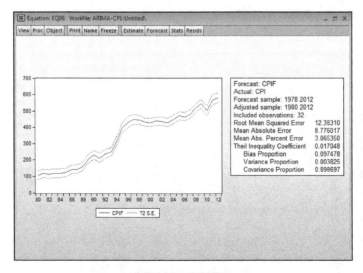

图 9-34　预测图

【例 9-3】 协整检验与误差修正模型。

【目的】 让读者了解如何通过 EViews 实现协整关系的检验和检验误差修正模型。

【问题的描述】 将统计年鉴上公布的人均 GDP-X 和居民消费水平 Y（表 9-5）核算至以 1978 年为基期的不变价水平。取对数后进行 ADF 检验，实现协整回归检验残差的平稳性确定协整关系，然后建立误差修正模型。

表 9-5 居民消费水平 Y 与人均 GDP-X（单位：元）

年份	居民消费水平 Y	人均 GDP-X	年份	居民消费水平 Y	人均 GDP-X
1978	184	381.23	1996	791.016	1654.15697
1979	187.496	404.48503	1997	813.096	1789.49362
1980	201.48	430.7899	1998	806.656	1911.48722
1981	206.448	447.94525	1999	795.248	2039.19927
1982	210.496	481.11226	2000	798.56	2193.97865
1983	214.728	525.71617	2001	804.08	2358.67001
1984	220.616	597.76864	2002	797.64	2555.76592
1985	241.224	669.05865	2003	807.208	2794.79713
1986	256.864	717.47486	2004	838.672	3058.22706
1987	275.632	787.62118	2005	853.76	3384.17871
1988	327.336	862.72349	2006	866.64	3792.09481
1989	386.216	884.07237	2007	908.224	4306.37408
1990	398.176	904.65879	2008	961.768	4697.13483
1991	411.792	974.42388	2009	954.96	5104.6697
1992	438.104	1099.46732	2010	986.424	5610.56191
1993	502.504	1238.61627	2011	1039.6	6103.11107
1994	623.76	1385.00859	2012	1066.648	6538.47573
1995	730.296	1519.58278			

【EViews 实现过程】[①]

（1）单整阶数的确定。

①对 ln$X$ 进行 ADF 检验。经过尝试发现，在 ln$X$ 一阶差分含有一阶滞后的模型 3 拒绝了原假设，模型如下（图 9-35）：

$$\Delta^2 \ln Y = 0.052 + 0.0003T - 0.681\Delta \ln X(-1) + 0.457\,\Delta^2 \ln X(-1)$$
$$(3.671)(0.708) \quad (-4.118) \quad (2.687)$$

---

① 之前的 ADF 检验和 ARIMA 模型，在进行单位根检验，对于滞后阶数的选择依据是 LM 检验通过，但在这里使用准则是 EViews 根据 SIC 自动选择。

```
Series: LNX  Workfile: UNTITLED::Untitled\                  _ □ X
View Proc Object Properties  Print Name Freeze  Sample Genr Sheet Graph Sti
          Augmented Dickey-Fuller Unit Root Test on D(LNX)
```

Null Hypothesis: D(LNX) has a unit root
Exogenous: Constant, Linear Trend
Lag Length: 1 (Fixed)

		t-Statistic	Prob.*
Augmented Dickey-Fuller test statistic		-4.118001	0.0144
Test critical values:	1% level	-4.273277	
	5% level	-3.557759	
	10% level	-3.212361	

*MacKinnon (1996) one-sided p-values.

Augmented Dickey-Fuller Test Equation
Dependent Variable: D(LNX,2)
Method: Least Squares
Date: 05/09/14   Time: 14:25
Sample (adjusted): 1981 2012
Included observations: 32 after adjustments

Variable	Coefficient	Std. Error	t-Statistic	Prob.
D(LNX(-1))	-0.680602	0.165275	-4.118001	0.0003
D(LNX(-1),2)	0.456956	0.170078	2.686740	0.0120
C	0.052227	0.014226	3.671133	0.0010
@TREND(1978)	0.000288	0.000406	0.708087	0.4847

R-squared	0.390114	Mean dependent var	0.000184
Adjusted R-squared	0.324769	S.D. dependent var	0.024646
S.E. of regression	0.020252	Akaike info criterion	-4.844644
Sum squared resid	0.011484	Schwarz criterion	-4.661427
Log likelihood	81.51430	Hannan-Quinn criter.	-4.783912
F-statistic	5.970062	Durbin-Watson stat	1.867746
Prob(F-statistic)	0.002800		

图 9-35　方程输出结果

通过 LM 检验发现，LM（1）=0.00000179（P=0.9989），LM（2）=5.784（P=0.0555）[①]，可以在 5%的显著水平上不能拒绝模型不存在序列相关，因此模型设定是正确的，ln$t$ 值小于 5%的临界值，说明经过一阶差分后 ln$X$ 是平稳的，即 ln$X$ 是 $I(1)$的。

②对 ln$Y$ 进行 ADF 检验。经过尝试发现，在 ln$Y$ 一阶差分含有一阶滞后的模型 2 拒绝了原假设，模型如下（图 9-36）：

$$\Delta^2 \ln Y = 0.023 - 0.457\Delta\ln X(-1) + 0.334\,\Delta^2 \ln X(-1)$$

$$(2.106)(-3.156) \qquad (1.94)$$

---

① 这里的显著水平有些勉强。

```
☑ Series: LNY  Workfile: UNTITLED::Untitled\           _ □ ×
View Proc Object Properties | Print Name Freeze | Sample Genr Sheet Graph St
         Augmented Dickey-Fuller Unit Root Test on D(LNY)

Null Hypothesis: D(LNY) has a unit root
Exogenous: Constant
Lag Length: 1 (Fixed)

                                          t-Statistic    Prob.*

Augmented Dickey-Fuller test statistic    -3.155918     0.0323
Test critical values:     1% level        -3.653730
                          5% level        -2.957110
                          10% level       -2.617434

*MacKinnon (1996) one-sided p-values.


Augmented Dickey-Fuller Test Equation
Dependent Variable: D(LNY,2)
Method: Least Squares
Date: 05/09/14   Time: 15:34
Sample (adjusted): 1981 2012
Included observations: 32 after adjustments

   Variable      Coefficient   Std. Error   t-Statistic    Prob.

  D(LNY(-1))     -0.456581     0.144674     -3.155918    0.0037
  D(LNY(-1),2)    0.334314     0.172296      1.940344    0.0621
       C          0.022642     0.010753      2.105533    0.0440

R-squared           0.264856   Mean dependent var    -0.001445
Adjusted R-squared  0.214157   S.D. dependent var     0.048092
S.E. of regression  0.042633   Akaike info criterion -3.383337
Sum squared resid   0.052709   Schwarz criterion     -3.245924
Log likelihood     57.13338    Hannan-Quinn criter.  -3.337788
F-statistic         5.224039   Durbin-Watson stat     1.702052
Prob(F-statistic)   0.011545
```

图 9-36　方程输出结果

通过 LM 检验发现，LM（1）=0.001134（P=0.9731），LM（2）=5.888（P=0.0526），可以在 5%的显著水平上不能拒绝模型不存在序列相关，因此模型设定是正确的，$\ln Y$ 的 t 值小于 5%的临界值，说明经过一阶差分后 $\ln Y$ 是平稳的，即 $\ln Y$ 是 $I(1)$的。

（2）协整关系的确定。

$\ln Y$ 和 $\ln X$ 都是一阶单整的，它们之间可能存在协整关系，建立协整回归。

对协整回归估计的结果为（图 9-37）：

$$\ln Y = 1.276 + 0.678 \ln X$$

将上述回归得到的残差重新生产一个新变量，然后进行 ADF 检验。

经过尝试，含有一阶滞后的模型 1，在 10%的显著水平上通过了 ADF 检验（注：这里的 ADF 临界值是没有经过修正的），可以认为上述协整回归得到的残差是平稳的（图 9-38）。

$$\Delta V = -0.071 V(-1) + 0.699 \Delta V(-1)$$

$$(-1.724) \qquad (5.213)$$

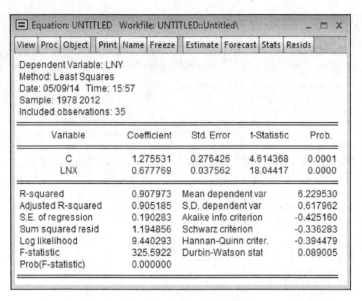

图 9-37   方程输出结果

Series: V   Workfile: UNTITLED::Untitled\

View | Proc | Object | Properties | Print | Name | Freeze | Sample | Genr | Sheet | Graph | St

Augmented Dickey-Fuller Unit Root Test on V

Null Hypothesis: V has a unit root
Exogenous: None
Lag Length: 1 (Fixed)

		t-Statistic	Prob.*
Augmented Dickey-Fuller test statistic		-1.724044	0.0801
Test critical values:	1% level	-2.636901	
	5% level	-1.951332	
	10% level	-1.610747	

*MacKinnon (1996) one-sided p-values.

Augmented Dickey-Fuller Test Equation
Dependent Variable: D(V)
Method: Least Squares
Date: 05/09/14   Time: 16:01
Sample (adjusted): 1980 2012
Included observations: 33 after adjustments

Variable	Coefficient	Std. Error	t-Statistic	Prob.
V(-1)	-0.071089	0.041234	-1.724044	0.0947
D(V(-1))	0.699249	0.134123	5.213476	0.0000

R-squared	0.466837	Mean dependent var	-0.004473
Adjusted R-squared	0.449638	S.D. dependent var	0.057346
S.E. of regression	0.042543	Akaike info criterion	-3.417918
Sum squared resid	0.056107	Schwarz criterion	-3.327221
Log likelihood	58.39565	Hannan-Quinn criter.	-3.387401
Durbin-Watson stat	1.594379		

图 9-38   方程输出结果

建立误差修正模型。通过上述过程，确定了 $\ln Y$ 和 $\ln X$ 之间存在协整关系，基于 Granger 表述定理，建立它们之间的误差修正模型。

（3）对误差修正模型的估计。

单击"Quick" → "Estimate Equation"，在弹出的对话框中输入"D(LNY) D(LNX) D(LNY(−1)) V(−1)"，然后单击"确定"。操作步骤及结果如图 9-39～图 9-41 所示。最后得到了对误差修正模型的估计值：

$$\Delta \ln Y_t = 0.263 \Delta \ln X_{t-1} + 0.66 \Delta \ln Y_{t-1} - 0.065 e_{t-1}$$
$$\quad (2.622) \qquad (5.698) \qquad (-1.667)$$
$$\mathrm{LM}(1) = 3.1913(P=0.074), \quad \mathrm{LM}(2) = 3.723(P=0.1554)$$

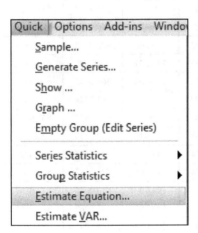

图 9-39　Quick 菜单选项

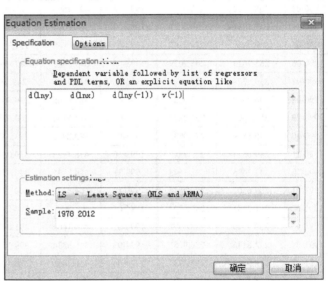

图 9-40　列表法设定方程形式窗口

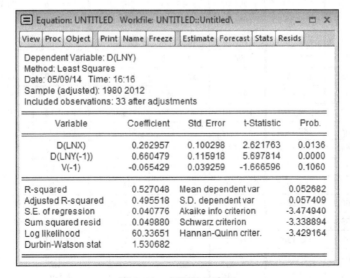

图 9-41　方程输出窗口

【例 9-4】 财政支出与财政收入的协整关系检验和误差修正模型的建立。

为了考察财政支出与财政收入之间是否存在协整关系，选择 1990 年 1 月至 2007 年 12 月的月度数据进行分析，此处直接使用经过季节调整后的数据进行分析，其中 f_ex_sa 表示财政支出，f_in_sa 表示财政收入。

表 9-6 经过季节调整后的财政支出与财政收入的月度数据

年份-月度	财政支出 f_ex_sa/亿元	财政收入 f_in_sa/亿元	年份-月度	财政支出 f_ex_sa/亿元	财政收入 f_in_sa/亿元	年份-月度	财政支出 f_ex_sa/亿元	财政收入 f_in_sa/亿元
1990-01	230.6289	193.5168	1992-12	192.5645	137.8685	1995-11	570.8021	532.3507
1990-02	276.3524	238.5488	1993-01	288.2329	225.219	1995-12	677.4473	689.8248
1990-03	268.4112	238.3566	1993-02	428.7699	359.668	1996-01	576.0115	562.0749
1990-04	267.7816	236.2029	1993-03	360.0697	302.1709	1996-02	675.2404	548.1619
1990-05	269.942	234.7183	1993-04	340.0069	256.8196	1996-03	583.479	518.8509
1990-06	263.7014	265.9039	1993-05	349.3821	282.6702	1996-04	603.3654	617.7727
1990-07	239.8254	255.8526	1993-06	335.4203	249.085	1996-05	645.9074	545.422
1990-08	296.8858	282.9926	1993-07	386.0505	230.8873	1996-06	606.0528	536.2814
1990-09	254.8098	271.2823	1993-08	383.5336	260.3365	1996-07	649.258	619.8422
1990-10	240.5879	277.8535	1993-09	382.2851	278.3372	1996-08	660.0233	630.9412
1990-11	249.0574	205.1347	1993-10	478.4425	339.0207	1996-09	683.9374	630.0554
1990-12	243.3495	223.1643	1993-11	424.2335	396.8746	1996-10	692.7669	630.9847
1991-01	269.6507	290.4846	1993-12	404.5338	304.9248	1996-11	670.5328	602.178
1991-02	271.2137	242.5597	1994-01	427.657	406.5834	1996-12	727.1485	819.5493
1991-03	269.7349	238.4992	1994-02	410.1402	391.0404	1997-01	771.4082	696.1329
1991-04	272.6135	230.9251	1994-03	410.6334	379.1164	1997-02	650.0041	678.0147
1991-05	279.0013	255.8927	1994-04	410.0865	370.6869	1997-03	733.0067	695.6165
1991-06	293.7213	275.1504	1994-05	411.8192	363.3794	1997-04	756.7072	702.413
1991-07	295.5122	287.1671	1994-06	444.5439	385.1234	1997-05	729.8502	758.1096
1991-08	294.3157	270.7316	1994-07	394.2223	367.351	1997-06	784.9932	735.6252
1991-09	285.3018	289.105	1994-08	450.6128	423.6458	1997-07	790.4939	759.5678
1991-10	299.8475	333.5108	1994-09	459.5758	439.7601	1997-08	750.9851	730.7344
1991-11	306.3745	276.1489	1994-10	474.4218	451.3582	1997-09	739.106	684.983
1991-12	244.3333	177.1571	1994-11	528.3181	485.7312	1997-10	788.1084	792.8266
1992-01	314.8507	301.1734	1994-12	666.5467	643.6146	1997-11	776.4463	705.4062
1992-02	281.5347	308.2367	1995-01	536.879	316.8894	1997-12	810.1492	724.082
1992-03	290.9063	280.1944	1995-02	522.2122	437.7925	1998-01	807.9296	675.3102
1992-04	313.3864	349.1484	1995-03	524.4023	512.4958	1998-02	813.7179	798.1549
1992-05	318.8724	329.4553	1995-04	545.5937	400.646	1998-03	816.1382	752.8558
1992-06	328.326	299.4245	1995-05	524.8111	493.1105	1998-04	820.4567	769.9883
1992-07	368.3709	372.3886	1995-06	535.3619	611.4072	1998-05	880.5025	761.7514
1992-08	354.6339	346.3019	1995-07	528.549	517.7138	1998-06	915.1605	836.6015
1992-09	370.6242	319.1308	1995-08	557.3754	495.2698	1998-07	890.863	797.7145
1992-10	347.8904	259.9134	1995-09	554.2813	559.4283	1998-08	936.1958	817.4799
1992-11	310.7074	272.5358	1995-10	538.8658	499.1784	1998-09	997.22	858.8943

续表

年份-月度	财政支出 f_ex_sa/亿元	财政收入 f_in_sa/亿元	年份-月度	财政支出 f_ex_sa/亿元	财政收入 f_in_sa/亿元	年份-月度	财政支出 f_ex_sa/亿元	财政收入 f_in_sa/亿元
1998-10	953.2459	861.8279	2001-11	1742.785	1477.311	2004-12	2489.659	1609.301
1998-11	960.861	920.933	2001-12	1624.663	1221.555	2005-01	2487.618	2550.487
1998-12	891.294	968.6807	2002-01	1695.345	1400.797	2005-02	2482.574	2652.868
1999-01	899.2831	914.2753	2002-02	1900.751	1290.599	2005-03	2689.508	2644.049
1999-02	936.7791	867.997	2002-03	1775.809	1368.745	2005-04	2642.144	2562.8
1999-03	1020.122	923.4931	2002-04	1740.567	1529.307	2005-05	2664.84	2599.808
1999-04	964.2037	908.8285	2002-05	1656.825	1566.056	2005-06	2637.881	2765.258
1999-05	1029.312	952.837	2002-06	1777.978	1464.148	2005-07	2772.585	2648.312
1999-06	1027.644	1028.615	2002-07	1927.751	1592.672	2005-08	2935.166	2720.434
1999-07	1091.886	963.3739	2002-08	1865.285	1720.565	2005-09	2864.141	2779.326
1999-08	970.3938	947.089	2002-09	1908.228	1694.334	2005-10	2798.937	2862.299
1999-09	1296.292	929.2223	2002-10	1907.283	1773.785	2005-11	3048.567	2892.5
1999-10	1189.764	934.8791	2002-11	1872.232	1771.263	2005-12	3064.401	2292.361
1999-11	1047.811	1017.052	2002-12	1899.868	1810.652	2006-01	3565.55	3094.513
1999-12	1249.276	1041.927	2003-01	2090.984	1771.379	2006-02	2626.788	3096.29
2000-01	1273.497	1084.6	2003-02	1852.111	1913.354	2006-03	3086.598	3055.804
2000-02	1245.432	1061.086	2003-03	1922.549	1773.808	2006-04	3060.199	3264.263
2000-03	1191.432	1118.714	2003-04	1978.736	1712.636	2006-05	2963.946	3218.88
2000-04	1308.809	1072.679	2003-05	2128.677	1868.028	2006-06	3171.412	3281.424
2000-05	1209.289	1048.988	2003-06	2136.511	1843.769	2006-07	3192.176	3577.216
2000-06	1240.843	1124.207	2003-07	2108.824	1806.557	2006-08	3204.672	3588.933
2000-07	1214.363	1115.908	2003-08	2016.601	1849.362	2006-09	3388.785	3438.934
2000-08	1471.676	1322.862	2003-09	2075.706	2026.157	2006-10	3402.549	3661.415
2000-09	1289.305	1207.391	2003-10	2129.369	1964.765	2006-11	3570.105	3499.174
2000-10	1303.715	1203.429	2003-11	1966.876	1999.725	2006-12	3820.91	2320.193
2000-11	1311.306	1222.896	2003-12	2101.42	1523.72	2007-01	2996.619	4097.099
2000-12	1469.925	1001.777	2004-01	2188.54	2158.523	2007-02	4299.118	3717.715
2001-01	1362.918	1301.647	2004-02	2284.349	2618.901	2007-03	3567.646	3753.238
2001-02	1630.031	1440.097	2004-03	2211.847	2404.412	2007-04	3660.672	4402.318
2001-03	1418.909	1349.17	2004-04	2329.328	2297.197	2007-05	4018.82	4327.734
2001-04	1416.031	1364.597	2004-05	2244.876	2279.022	2007-06	4140.538	4281.405
2001-05	1580.446	1334.353	2004-06	2286.938	2256.642	2007-07	4128.067	4590.218
2001-06	1566.772	1319.422	2004-07	2317.807	2267.693	2007-08	4247.421	4653.837
2001-07	1568.736	1357.403	2004-08	2380.215	2185.435	2007-09	4362.7	4930.148
2001-08	1674.716	1586.228	2004-09	2422.875	2181.735	2007-10	4501.25	5128.555
2001-09	1615.431	1445.078	2004-10	2441.745	2193.519	2007-11	4257.149	5167.012
2001-10	1525.603	1460.636	2004-11	2472.593	2308.526	2007-12	4401.45	2735.931

（1）协整关系检验。

首先要确定变量单整的阶数，对财政支出和财政收入取对数后，经过尝试单位根检验发现 ln（f_ex_sa）和 ln（f_in_sa）都服从 I（1）。

然后建立如下的协整回归，OLS 估计结果为（图 9-42）

$$\ln(\text{f_ex_sa}) = 0.402 + 0.953\ln(\text{f_in_sa})$$
$$(6.245)\quad(101.504)$$
$$R^2 = 0.976.9 \quad \text{D.W.} = 1.466$$

Equation: UNTITLED　Workfile: UNTITLED::Untitled\

View | Proc | Object | Print | Name | Freeze | Estimate | Forecast | Stats | Resids

Dependent Variable: LNF_EX_SA
Method: Least Squares
Date: 05/10/14　Time: 19:58
Sample: 1990M01 2007M12
Included observations: 216

Variable	Coefficient	Std. Error	t-Statistic	Prob.
C	0.402014	0.064372	6.245122	0.0000
LNF_IN_SA	0.953166	0.009390	101.5039	0.0000

R-squared	0.979652	Mean dependent var	6.880220
Adjusted R-squared	0.979557	S.D. dependent var	0.863309
S.E. of regression	0.123435	Akaike info criterion	-1.336985
Sum squared resid	3.260555	Schwarz criterion	-1.305733
Log likelihood	146.3944	Hannan-Quinn criter.	-1.324359
F-statistic	10303.03	Durbin-Watson stat	1.465547
Prob(F-statistic)	0.000000		

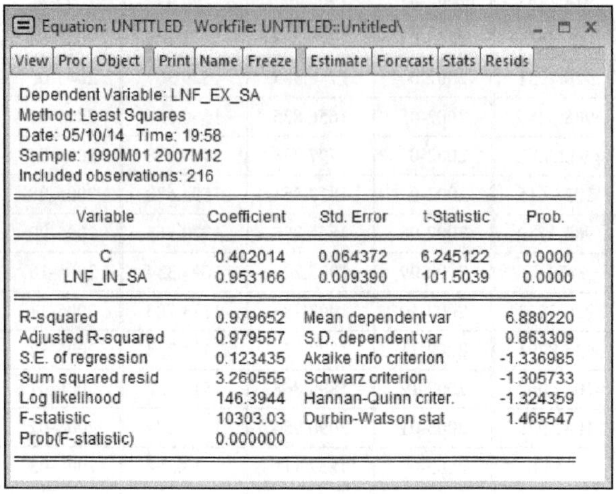

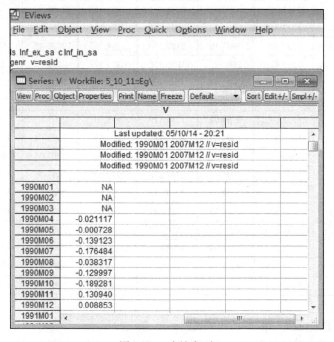

图 9-42　方程输出结果

将残差定义为一个新的变量，在命令窗口中输入 genr v=resid，然后对进行 AEG 检验，模型为不含常数和时间趋势，由 SIC 确定滞后阶数（图 9-43～图 9-45）。

EViews

File　Edit　Object　View　Proc　Quick　Options　Window　Help

ls lnf_ex_sa c lnf_in_sa
genr v=resid

Series: V　Workfile: 5_10_11::Eg\

View | Proc | Object | Properties | Print | Name | Freeze | Default | Sort | Edit+/- | Smpl+/-

V

Last updated: 05/10/14 - 20:21
Modified: 1990M01 2007M12 // v=resid
Modified: 1990M01 2007M12 // v=resid
Modified: 1990M01 2007M12 // v=resid

	V
1990M01	NA
1990M02	NA
1990M03	NA
1990M04	-0.021117
1990M05	-0.000728
1990M06	-0.139123
1990M07	-0.176484
1990M08	-0.038317
1990M09	-0.129997
1990M10	-0.189281
1990M11	0.130940
1990M12	0.008853
1991M01	

图 9-43　残差序列

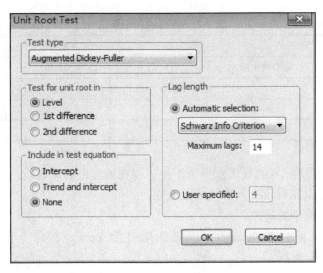

图 9-44　单位根检验选项对话框

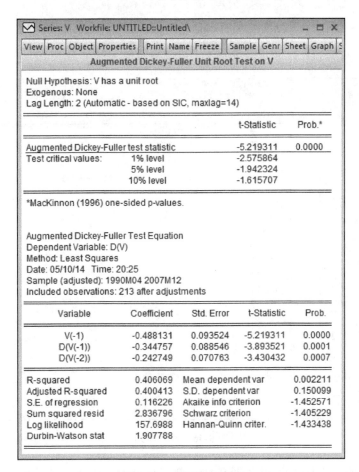

图 9-45　方程输出结果

但是 AEG 检验，对检验的临界值应当采用调整后的临界值，如表 9-7 所示。

表 9-7　AEG 检验临界值

			t 统计量	概率值（P 值）
AEG 统计量			−5.21	0.0000
显著性水平	1%	检验临界值	−3.78	
	5%		−3.25	
	10%		−2.98	

根据检验结果，在 1% 的显著水平下拒绝了存在单位根的原假设，说明是平稳序列，即去对数后财政支出和财政收入协整关系成立。

（2）误差修正模型的建立。

首先上述建立的协整回归残差项重新定义为 ecm，在命令窗口中输入 "genr ecm=resid"，如图 9-46 所示。

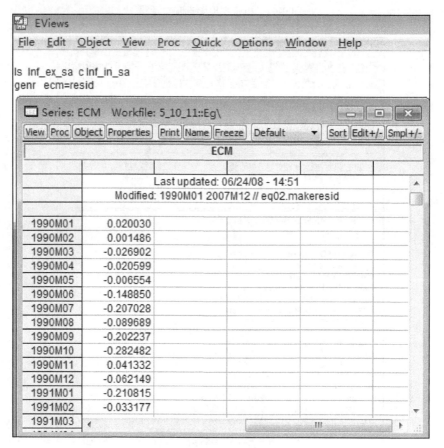

图 9-46　残差序列

将滞后一期引入误差修正模型估计，在 "Eviews" 中单击 "Quick" → "Estimate Equation"，在弹出的对话窗口输入 "D（lnf_ex_sa）c ecm（−1）D（lnf_in_sa）"，如图 9-47 和图 9-48 所示，然后单击 "确定"，结果如图 9-49 所示。

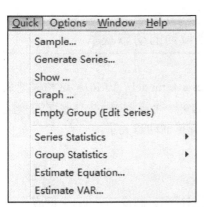

图 9-47 Quick 菜单选项

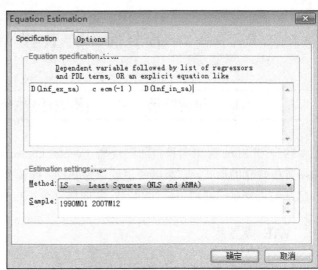

图 9-48 列表法设定方程形式窗口

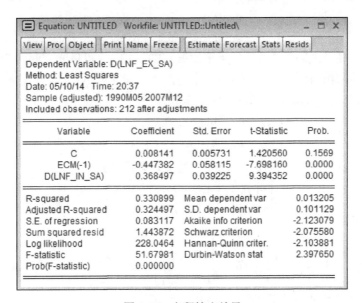

图 9-49 方程输出结果

所得估计误差修正模型结果为

$$\Delta\ln(\text{f\_ex\_sa}) = 0.008 - 0.447e_{t-1} + 0.368\Delta\ln(\text{f\_in\_sa})$$

$$(1.421)(-7.698)\quad(9.394)$$

$$R^2 = 0.331 \quad \text{D.W.} = 2.397$$

误差修正模型的差分项反映了短期波动的影响。财政支出的短期变动可以分为两部分：一部分是短期财政收入波动的影响；另一部分是财政收支偏离长期均衡的影响。误差修正项的系数大小反映了对偏离长期均衡的调整力度。

第十章　VAR 模型分析

> 本章一句话提示：用非结构方法建立变量词的动态联系。

1980 年 Sims 提出向量自回归模型（vector autoregressive model，VAR）。这种模型采用多方程联立的形式，它不以经济理论为基础，在模型的每一个方程中，内生变量对模型的全部内生变量的滞后值进行回归，从而估计全部内生变量的动态关系。

一、VAR 模型定义

VAR 模型是 AR 的联立方程形式，所以称向量自回归模型。假设 $y_{1,t}$，$y_{2,t}$ 之间存在关系，如果分别建立两个自回归模型：

$$y_{1,t}=f(y_{1,t-1}, y_{1,t-2}, \cdots)$$
$$y_{2,t}=f(y_{2,t-1}, y_{2,t-2}, \cdots)$$

则无法捕捉两个变量之间的关系。如果采用联立的形式，就可以建立起两个变量之间的关系。VAR 模型的结构与两个参数有关：一个是所含变量个数 N；另一个是最大滞后阶数 k。

以两个变量 $y_{1,t}$，$y_{2,t}$ 滞后 1 期的 VAR 模型为例：

$$\begin{cases} y_{1,t} = \mu_1 + \pi_{11.1}y_{1,t-1} + \pi_{12.1}y_{2,t-1} + u_{1,t} \\ y_{2,t} = \mu_2 + \pi_{21.1}y_{1,t-1} + \pi_{22.1}y_{2,t-1} + u_{2,t} \end{cases}$$

式中，$u_{1,t}$, $u_{2,t} \sim \text{IID}(0, \sigma^2)$，$\text{Cov}(u_{1,t}, u_{2,t})=0$。写成矩阵形式是

$$\begin{bmatrix} y_{1,t} \\ y_{2,t} \end{bmatrix} = \begin{bmatrix} \mu_1 \\ \mu_2 \end{bmatrix} + \begin{bmatrix} \pi_{11.1} & \pi_{12.1} \\ \pi_{21.1} & \pi_{22.1} \end{bmatrix} \begin{bmatrix} y_{1,t-1} \\ y_{2,t-1} \end{bmatrix} + \begin{bmatrix} u_{1,t} \\ u_{2,t} \end{bmatrix}$$

设：

$$Y_t = \begin{bmatrix} y_{1,t} \\ y_{2,t} \end{bmatrix}, \quad \mu = \begin{bmatrix} \mu_1 \\ \mu_2 \end{bmatrix}, \quad \Pi_1 = \begin{bmatrix} \pi_{11.1} & \pi_{12.1} \\ \pi_{21.1} & \pi_{22.1} \end{bmatrix}, \quad u_t = \begin{bmatrix} u_{1,t} \\ u_{2,t} \end{bmatrix}, \quad Y_t = \mu + \Pi_1 Y_{t-1} + u_t$$

那么，含有 N 个变量滞后 k 期的 VAR 模型表示如下：

$$Y_t = \mu + \Pi_1 Y_{t-1} + \Pi_2 Y_{t-2} + \cdots + \Pi_k Y_{t-k} + u_t, \ u_t \sim \text{IID}(0, \Omega)$$

式中，

$$Y_t = (y_{1,t} \quad y_{2,t} \quad \cdots \quad y_{N,t})^{\text{T}}$$
$$\mu = (\mu_1 \quad \mu_2 \quad \cdots \quad \mu_N)^{\text{T}}$$

$$\Pi_j = \begin{bmatrix} \pi_{11.j} & \pi_{12.j} & \cdots & \pi_{1N.j} \\ \pi_{21.j} & \pi_{22.j} & \cdots & \pi_{2N.j} \\ \vdots & \vdots & & \vdots \\ \pi_{N1.j} & \pi_{N2.j} & \cdots & \pi_{NN.j} \end{bmatrix}, \ j=1, 2, \cdots, k$$

$$u_t = (u_{1,t} \quad u_{2,t} \quad \cdots \quad u_{N,t})^{\mathrm{T}}$$

Y_t 为 $N\times1$ 阶时间序列列向量。μ 为 $N\times1$ 阶常数项列向量。$\Pi_1, \cdots, \Pi_k$ 均为 $N\times N$ 阶参数矩阵，$u_t \sim \mathrm{IID}(0, \Omega)$ 是 $N\times1$ 阶随机误差列向量，其中每一个元素都是非自相关的，但这些元素，即不同方程对应的随机误差项之间可能存在相关。

因 VAR 模型中每个方程的右侧只含有内生变量的滞后项，他们与 u_t 是不相关的，所以可以用 OLS 法依次估计每一个方程，得到的参数估计量都具有一致性。

VAR 模型有以下五个特点。

（1）不以严格的经济理论为依据。在建模过程中只需明确两件事：①共有哪些变量是相互有关系的，把有关系的变量包括在 VAR 模型中；②确定滞后期 k，使模型能反映出变量间相互影响的绝大部分。

（2）VAR 模型对参数不施加零约束（参数估计值有无显著性，都保留在模型中）。

（3）VAR 模型的解释变量中不包括任何当期变量，所有与联立方程模型有关的问题在 VAR 模型中都不存在。

（4）VAR 模型有相当多的参数需要估计。例如，一个 VAR 模型含有三个变量，最大滞后期 $k=3$，则有 $kN^2=3\times3^2=27$ 个参数需要估计。当样本容量较小时，多数参数的估计量误差较大。

（5）无约束 VAR 模型的应用之一是预测。由于在 VAR 模型中每个方程的右侧都不含有当期变量，这种模型用于预测的优点是不必对解释变量在预测期内的取值做任何预测。Sims 认为 VAR 模型中的全部变量都是内生变量。近年来也有学者认为具有单向因果关系的变量，也可以作为外生变量加入 VAR 模型。

二、VAR 模型的脉冲响应函数和方差分解

由于 VAR 模型参数的 OLS 估计量只具有一致性，单个参数估计值的经济解释是很困难的。要想对一个 VAR 模型做出分析，通常是观察系统的脉冲响应函数和方差分解。

（一）脉冲响应函数

脉冲响应函数描述一个内生变量对误差冲击的反应。具体地说，它描述的是在随机误差项上施加一个标准差大小的冲击后对内生变量的当期值和未来值所带来的影响。

对于如下 VAR 模型，$y_{1,t}$ 表示 GDP，$y_{2,t}$ 表示货币供应量。

$$\begin{cases} y_{1,t} = \mu_1 + \pi_{11.1}y_{1,t-1} + \pi_{12.1}y_{2,t-1} + u_{1,t} \\ y_{2,t} = \mu_2 + \pi_{21.1}y_{1,t-1} + \pi_{22.1}y_{2,t-1} + u_{2,t} \end{cases} \tag{10-1}$$

在模型（10-1）中，如果误差 $u_{1,t}$ 和 $u_{2,t}$ 不相关，就很容易解释。$u_{1,t}$ 是 $y_{1,t}$ 的误差项；$u_{2,t}$ 是 $y_{2,t}$ 的误差项。$u_{2,t}$ 的脉冲响应函数衡量当期一个标准差的货币冲击对 GDP 和货币存量的当前值和未来值的影响。

对于每一个 VAR 模型都可以表示成为一个无限阶的向量 MA(∞) 过程。具体方法是对于任何一个 VAR(k) 模型都可以通过友矩阵变换改写成一个 VAR(1) 模型。

$$Y_t = A_1 Y_{t-1} + U_t$$

$$(I{-}L\,A_1)Y_t{=}U_t$$

$$Y_t = (I - LA_1)^{-1}U_t$$

$$= U_t + A_1U_{t-1} + A_1^2U_{t-2} + \cdots + A_1^sU_{t-s} + \cdots$$

这是一个无限阶的向量 MA(∞) 过程。或写成：

$$Y_{t+s} = U_{t+s} + A_1U_{t+s-1} + A_1^2U_{t+s-2} + \cdots + A_1^sU_t + \cdots$$

$$Y_{t+s} = U_{t+s} + \Psi_1U_{t+s-1} + \Psi_2U_{t+s-2} + \cdots + \Psi_sU_t + \cdots$$

式中，

$$\Psi_1 = A_1, \Psi_2 = A_1^2, \cdots, \Psi_s = A_1^s$$

下式成立：

$$\Psi_s = \frac{\partial Y_{t+s}}{\partial U_t}$$

Ψ_s 中第 i 行第 j 列元素表示的是，令其他误差项在任何时期都不变的条件下，当第 j 个变量对应的误差项 $u_{j,t}$ 在 t 期受到一个单位的冲击后，对第 i 个内生变量在 $t+s$ 期造成的影响。

把 Ψ_s 中第 i 行第 j 列元素看作是滞后期 s 的函数：

$$\frac{\partial y_{i,t+s}}{\partial u_{j,t}}, s{=}1, 2, 3, \cdots$$

称作脉冲响应函数（impulse-response function），脉冲响应函数描述了其他变量在 t 期以及以前各期保持不变的前提下，$y_{i,t+s}$ 对 $y_{j,t}$ 时一次冲击的响应过程。

对脉冲响应函数的解释出现困难源于误差项从来都不是完全非相关的。当误差项相关时，它们有一个共同的组成部分，不能被任何特定的变量所识别。为处理这一问题，常引入一个变换矩阵 M 与 u_t 相乘，如下所示：

$$v_t{=}M{\cdot}u_t{\sim}(0, \Omega)$$

从而把 u_t 的协方差矩阵变换为一个对角矩阵 Ω。现在有多种方法。其中一种变换方法称作 Cholesky 分解法，从而使误差项正交。

原误差项相关的部分归于 VAR 系统中的第一个变量的随机扰动项。在上面的例子里，$u_{1,t}$ 和 $u_{2,t}$ 的共同部分完全归于 $u_{1,t}$，因为 $u_{1,t}$ 在 $u_{2,t}$ 之前。

虽然 Cholesky 分解被广泛应用，但是对于共同部分的归属来说，它还是一种很随意的方法。所以方程顺序的改变将会影响到脉冲响应函数。因此在解释脉冲响应函数时应小心。

对于每一个 VAR 模型都可以表示成为一个无限阶的向量 MA(∞) 过程。

$$Y_t{=}\mu{+}u_t{+}\Psi_1u_{t-1}{+}\Psi_2u_{t-2}{+}\cdots$$

对于 u_t 中的每一个误差项，内生变量都对应着一个脉冲响应函数。这样，一个含有 4 个内生变量的 VAR 将有 16 个脉冲响应函数。要得到 VAR 模型的脉冲响应函数，可以在 VAR 的工具栏中选择 Impulse 功能健，如图 10-1～图 10-3 所示。

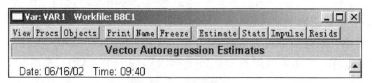

图 10-1　Impluse 选项

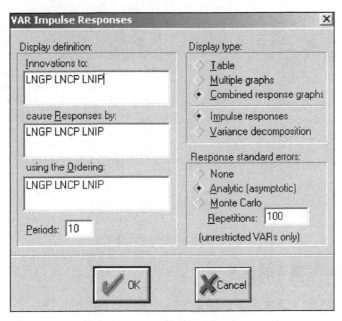

图 10-2　脉冲响应函数设定对话框

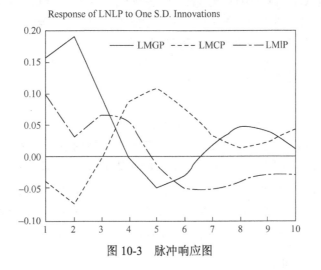

图 10-3　脉冲响应图

（二）方差分解

另一个评价 VAR 模型的方法是方差分解。VAR 的方差分解能够给出随机信息的相对重要性信息。EViews 对于每一个内生变量都计算一个独立的方差分解。3 个变量的 VAR 跨时为 10 的方差分解如图 10-4 所示。

S.E.所对应的列是相对于不同预测期的变量的预测误差。这种预测误差来源于信息的当期值和未来值。其他的几栏给出关于源于某个特定的信息所引起的方差占内生变量总方差的百分比。向前一个时期，一个变量的所有变动均来自其本身的信息。因此第一个数字总是 100%。同样，方差分解主要取决于方程的顺序。

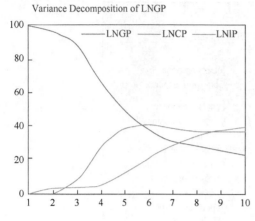

Variance Decomposition of LNGP

Variance Decomposition of LNGP:				
Period	S.E.	LNGP	LNCP	LNIP
1	0.050570	100.0000	0.000000	0.000000
2	0.080658	96.39901	4.03E-05	3.600950
3	0.091526	89.40189	7.241178	3.356934
4	0.105643	67.27896	28.12401	4.597030
5	0.126175	47.98940	40.15430	11.85630
6	0.144451	36.86320	42.03405	21.10275
7	0.158359	30.86085	40.25793	28.88122
8	0.169770	27.71544	38.07821	34.20635
9	0.179920	25.26543	37.02235	37.71222
10	0.190600	22.59633	37.01935	40.38432

图 10-4　方差分解结果

三、VAR 模型滞后期 *k* 的选择

建立 VAR 模型除了要满足平稳性条件外，还应该正确确定滞后期 *k*。如果滞后期太少，误差项的自相关会很严重，并导致参数的非一致性估计。正如在第四章介绍 ADF 检验的原理一样，在 VAR 模型中适当加大 *k* 值（增加滞后变量个数），可以消除误差项中存在的自相关。但从另一方面看，*k* 值又不宜过大。*k* 值过大会导致自由度减小，直接影响模型参数估计量的有效性。下面介绍几种选择 *k* 值的方法。

1. 用 LR 统计量选择 *k* 值

LR（似然比）统计量定义为

$$\text{LR}=-2[\log L_{(k)}-\log L_{(k+1)}] \sim \chi^2(N^2)$$

式中，$\log L_{(k)}$ 和 $\log L_{(k+1)}$ 分别是 VAR(*k*) 和 VAR(*k*+1) 模型的极大似然估计值。*k* 表示 VAR 模型中滞后变量的最大滞后期。LR 统计量渐近服从 $\chi^2(N^2)$ 分布。显然当 VAR 模型滞后期的增加不会给极大似然函数值带来显著性增大时，即 LR 统计量的值小于临界值时，新增加的滞后变量对 VAR 模型毫无意义。应该注意，当样本容量与被估参数个数相比不够充分大时，LR 的有限样本分布与 LR 渐近分布存在很大差异。

2. 用 AIC 选择 *k* 值

$$\text{AIC}=\log\left(\frac{\sum_{t=1}^{T}\hat{u}_t^2}{T}\right)+\frac{2k}{T}$$

式中，$\hat{u}_t$ 表示残差；*T* 表示样本容量；*k* 表示最大滞后期。选择 *k* 值的原则是在增加 *k* 值的过程中使 AIC 的值达到最小。

EViews 3.0 的计算公式是

$$\text{AIC}=-2\left(\frac{\log L}{T}\right)+\frac{2k}{T}$$

3. 用 SC 选择 k 值

$$SC = \log\left(\frac{\displaystyle\sum_{t=1}^{T}\hat{u}_t^2}{T}\right) + \frac{k\log T}{T}$$

式中，$\hat{u}_t$ 表示残差；T 表示样本容量；k 表示最大滞后期。选择最佳 k 值的原则是在增加 k 值的过程中使 SC 值达到最小。

EViews 3.0 的计算公式是

$$SC = -2\left(\frac{\log L}{T}\right) + \frac{k\log T}{T}$$

四、Granger 非因果性检验

VAR 模型还可用来检验一个变量与另一个变量是否存在因果关系。经济计量学中 Granger 非因果性定义如下。

如果由 y_t 和 x_t 滞后值所决定的 y_t 的条件分布与仅由 y_t 滞后值所决定的条件分布相同，即

$$f(y_t \mid y_{t-1}, \cdots, x_{t-1}, \cdots) = f(y_t \mid y_{t-1}, \cdots)$$

则称 x_{t-1} 对 y_t 存在 Granger 非因果性。

Granger 非因果性的另一种表述是其他条件不变，若加上 x_t 的滞后变量后对 y_t 的预测精度不存在显著性改善，则称 x_{t-1} 对 y_t 存在 Granger 非因果性关系。

为简便，通常总是把 x_{t-1} 对 y_t 存在非因果关系表述为 x_t（去掉下标–1）对 y_t 存在非因果关系（严格讲，这种表述是不正确的）。在实际中，除了使用 Granger 非因果性概念外，也使用 "Granger 因果性" 概念。顾名思义，这个概念首先由 Granger 提出。Sims 也提出因果性定义。这两个定义是一致的。

根据以上定义，x_t 对 y_t 是否存在因果关系的检验可通过检验 VAR 模型以 y_t 为被解释变量的方程中是否可以把 x_t 的全部滞后变量剔除掉而完成。例如，VAR 模型中以 y_t 为被解释变量的方程表示如下：

$$y_t = \sum_{i=1}^{k}\alpha_i y_{t-i} + \sum_{i=1}^{k}\beta_i x_{t-i} + u_{1,t}$$

若有必要，常数项、趋势项、季节虚拟变量等都可以包括在上式中。则检验 x_t 对 y_t 存在 Granger 非因果性的零假设是

$$H_0: \beta_1 = \beta_2 = \cdots = \beta_k = 0$$

x_t 的滞后变量的回归参数估计值全部不存在显著性，则上述假设不能被拒绝。换句话说，如果 x_t 的任何一个滞后变量的回归参数的估计值存在显著性，则结论应是 x_t 对 y_t 存在 Granger 因果关系。上述检验可用 F 统计量完成。

$$F = \frac{(\mathrm{SSE_r} - \mathrm{SSE_u})/k}{\mathrm{SSE_u}/(T - kN)}$$

式中，SSE_r 表示施加约束（零假设成立）后的残差平方和；SSE_u 表示不施加约束条件下的残差平方和；k 表示最大滞后期；N 表示 VAR 模型中所含当期变量个数，本例中 $N=2$；T 表示样本容量。在零假设成立条件下，F 统计量近似服从 $F_{(k,T-k,N)}$ 分布。用样本计算的 F 值如果落在临界值以内，接受原假设，即 x_t 对 y_t 不存在 Granger 因果关系。

五、VAR 模型与协整

如果 VAR 模型：

$$Y_t = \Pi_1 Y_{t-1} + \Pi_2 Y_{t-1} + \cdots + \Pi_k Y_{t-k} + u_t, u_t \sim \text{IID}(0, \Omega)$$

的内生变量都含有单位根，那么可以用这些变量的一阶差分序列建立一个平稳的 VAR 模型。

$$\Delta Y_t = \Pi_1^* \Delta Y_{t-1} + \Pi_2^* \Delta Y_{t-2} + \cdots + \Pi_k^* \Delta Y_{t-k} + u_t^*$$

然而，当这些变量存在协整关系时，这种建模方法不是最好的选择。如果 $Y_t \sim I(1)$，且非平稳变量间存在协整关系。那么非平稳变量的由协整向量组成的线性组合则是平稳的。这时，采用差分的方法构造 VAR 模型虽然是平稳的，但不是最好的选择。建立单纯的差分 VAR 模型将丢失重要的非均衡误差信息。因为变量间的协整关系给出了变量间的长期关系。同时用这种非均衡误差以及变量的差分变量同样可以构造平稳的 VAR 模型，从而得到一类重要的模型，这就是向量误差修正（vector error correction，VEC）模型。

VEC 模型是带有误差修正机制的关于 ΔY_t 的 VAR 模型。增加 ΔY_{t-1} 滞后项的目的是吸收 u_t 中的自相关成分，使其变为白噪声。没有这些项，等于丢掉了动态成分。

【例 10-1】 VAR 模型。

【目的】 让读者了解 VAR 模型的建立过程。

【问题的描述】 货币学派在理论上和政策主张方面，强调货币供应量的变动是引起经济活动和物价水平发生变动的根本的和起支配作用的原因，通过 VAR 模型考察中国居民消费价格指数的增长率和货币供给的增长率的季度数据间关系，如表 10-1 所示。

表 10-1 中国居民消费价格指数的增长率和货币供给的增长率的季度数据

年份-季度	居民消费价格指数 CPI 的增长率	货币供给 M 的增长率	年份-季度	居民消费价格指数 CPI 的增长率	货币供给 M 的增长率
1997-1	4	23.59966	1998-4	−1	14.83945
1997-2	2.8	21.51135	1999-1	−1.8	19.62656
1997-3	1.8	19.22425	1999-2	−2.1	19.46069
1997-4	0.4	19.58128	1999-3	−0.8	16.2248
1998-1	0.7	15.39944	1999-4	−1	16.15114
1998-2	−1.3	14.33437	2000-1	−0.2	13.382
1998-3	−1.5	16.18558	2000-2	0.5	14.39379

续表

年份-季度	居民消费价格指数 CPI 的增长率	货币供给 M 的增长率	年份-季度	居民消费价格指数 CPI 的增长率	货币供给 M 的增长率
2003-1	0.9	18.54314	2004-4	2.4	14.45822
2003-2	0.3	20.83149	2005-1	2.7	14.16801
2003-3	1.1	20.67165	2005-2	1.6	15.66851
2003-4	3.2	19.57519	2005-3	0.9	17.92008
2004-1	3	19.16151	2005-4	1.6	17.98831
2004-2	5	16.34502	2006-1	0.8	17.34831
2004-3	5.2	14.13597	2006-2	1.5	17.03165
2000-3	0	15.27296	2006-3	1.5	15.45621
2000-4	1.5	13.98981	2006-4	2.8	15.67249
2001-1	0.8	14.92253	2007-1	3.3	17.26751
2001-2	1.4	14.32848	2007-2	4.4	17.0642
2001-3	−0.1	13.62652	2007-3	6.2	18.45132
2001-4	−0.3	14.50088	2007-4	6.5	16.73237
2002-1	−0.8	14.38808	2008-1	8.3	16.19036
2002-2	−0.8	14.68232	2008-2	7.1	17.28515
2002-3	−0.7	16.49744	2008-3	4.6	15.21241
2002-4	−0.4	16.78322	2008-4	1.2	17.79005

【协整关系的确立】　传统的 VAR 理论要求模型中每一个变量都是平稳的，对于非平稳时间序列需要经过差分，得到平稳序列再建立 VAR 模型，这样通常会损失水平序列所包括的信息。而随着协整理论的发展，对于非平稳时间序列，只要各变量之间存在协整关系也可以直接建立 VAR 模型。

通过 Johansen 协整检验来考察中国居民消费价格指数的增长率和货币供给的增长率之间协整关系。

打开 EViews 录入数据后将 CPI 与 M 之间组成一个群组，单击"View"→"Cointegration Test"→"Johansen System Cointegration Test"，然后对趋势设定后，单击"确定"。可以发现特征根迹检验和最大特征值检验在 5%的显著水平上都是拒绝原假设的，说明协整关系存在（高铁梅，2009），这样就可以使用 CPI 和 M 的水平值建立 VAR 模型。操作过程和结果如图 10-5～图 10-7 所示。

【Granger 检验】　一般来讲双向因果关系是应用 VAR 模型的理想情况（古扎拉蒂和波特，2011），同样的将 CPI 和 M 两列数据组成一个群组，然后单击"View"→"Granger Causality"，在弹出的窗口中选择滞后阶数，然后单击"OK"。如图 10-8 和图 10-9 所示，结果如图 10-10 所示。

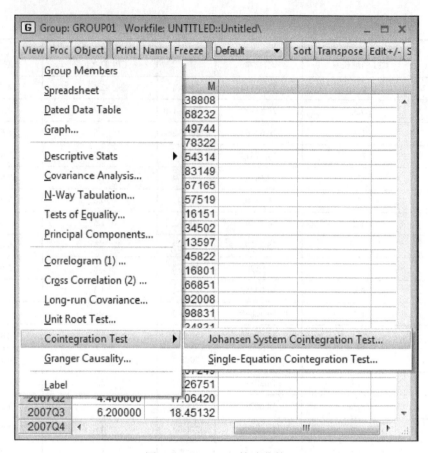

图 10-5   Johansen 检验菜单

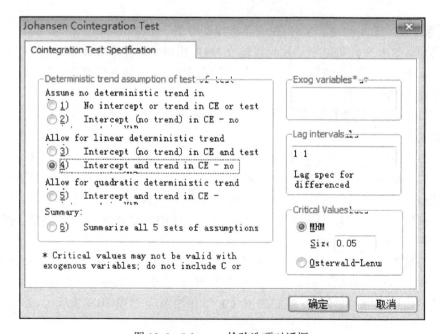

图 10-6   Johansen 检验选项对话框

Date: 05/11/14 Time: 18:37
Sample (adjusted): 1997Q3 2008Q3
Included observations: 45 after adjustments
Trend assumption: Linear deterministic trend (restricted)
Series: CPI M
Lags interval (in first differences): 1 to 1

Unrestricted Cointegration Rank Test (Trace)

Hypothesized No. of CE(s)	Eigenvalue	Trace Statistic	0.05 Critical Value	Prob.**
None *	0.307892	29.34519	25.87211	0.0177
At most 1 *	0.247310	12.78457	12.51798	0.0451

Trace test indicates 2 cointegrating eqn(s) at the 0.05 level
* denotes rejection of the hypothesis at the 0.05 level
**MacKinnon-Haug-Michelis (1999) p-values

Unrestricted Cointegration Rank Test (Maximum Eigenvalue)

Hypothesized No. of CE(s)	Eigenvalue	Max-Eigen Statistic	0.05 Critical Value	Prob.**
None	0.307892	16.56062	19.38704	0.1229
At most 1 *	0.247310	12.78457	12.51798	0.0451

Max-eigenvalue test indicates no cointegration at the 0.05 level
* denotes rejection of the hypothesis at the 0.05 level
**MacKinnon-Haug-Michelis (1999) p-values

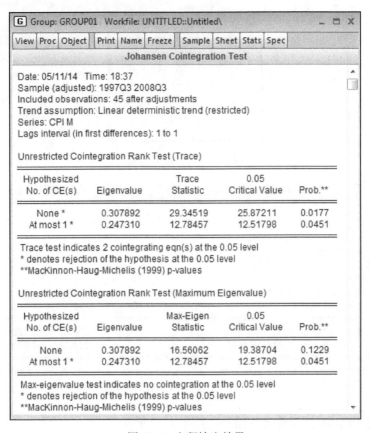

图 10-7 方程输出结果

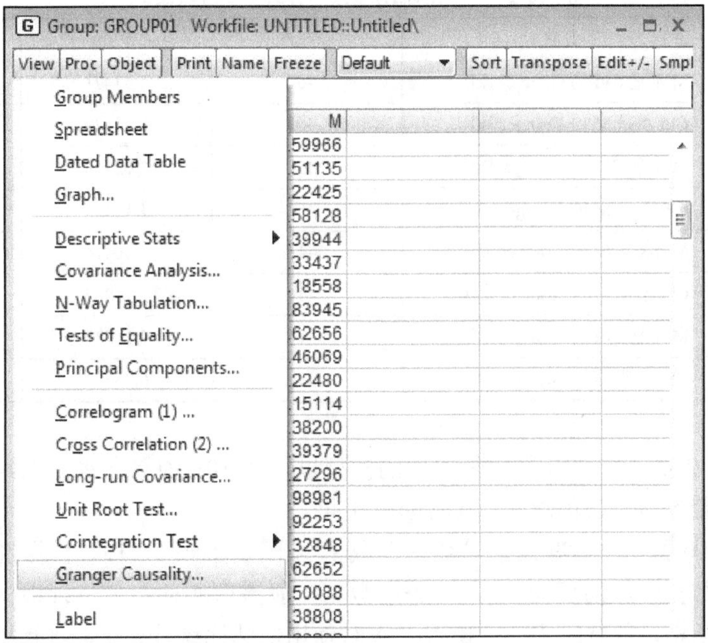

图 10-8 Granger 检验菜单

图 10-9　滞后阶数设定

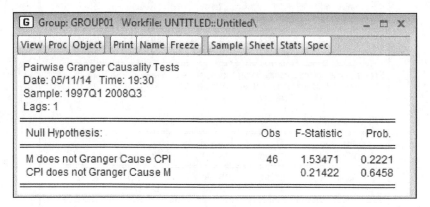

图 10-10　Granger 检验输出结果

以下给出 Granger 因果检验的结果，如表 10-2 所示。

表 10-2　不同滞后阶数的 Granger 检验结果

滞后阶数	原假设	观测值	F 统计量	P 值
1	M 不是 CPI 的 Granger 原因	46	1.53471	0.2221
1	CPI 不是 M 的 Granger 原因	46	0.21422	0.6458
2	M 不是 CPI 的 Granger 原因	45	2.02748	0.145
2	CPI 不是 M 的 Granger 原因	45	1.12129	0.3359
3	M 不是 CPI 的 Granger 原因	44	2.56414	0.0694
3	CPI 不是 M 的 Granger 原因	44	0.48866	0.6923
4	M 不是 CPI 的 Granger 原因	43	2.11785	0.1
4	CPI 不是 M 的 Granger 原因	43	0.96523	0.4392

通过表 10-2 发现在 3 阶和 4 阶滞后的模型里，在 10% 的显著水平上，货币供给的增长率是居民消费价格指数的增长率 Granger 因果。

【滞后阶数的选取】　一般在滞后阶数的选取依据上有两种：一种是根据经济理论设定滞后期，如月度数据一般滞后为 12 期，季度数据一般滞后 4 期；另一种根据 AIC 或 SC 最小准则选择滞后期，若 AIC 与 SC 出现矛盾时使用似然比统计量 LR 进行检验。本例由于使用的是季度数据，将滞后期选定为 4 期。

【VAR 模型的建立】　在命令窗口中选择"Quick"→"Estimate VAR"，在内生变量"Endogenous Variables"中填入"CPI M"，在外生变量"Exogenous Variable"填入截距项"C"，在内生变量的之后区间"Lag Intervals for Endogenous"中填出"1 4"，前一个数字代表滞后开始的时期，后一个数字代表滞后结束的时期，然后单击"确定"。操作过程如图 10-11 和图 10-12 所示。

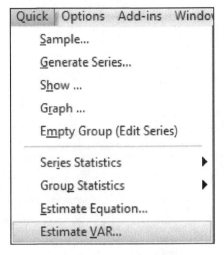

图 10-11　VAR 选项菜单

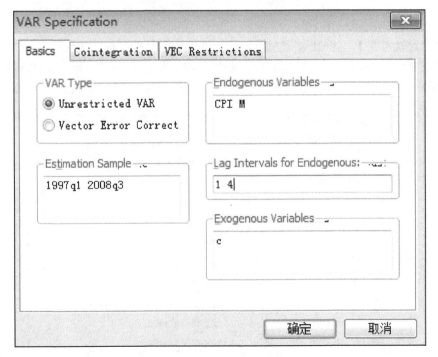

图 10-12　VAR 模型设定对话框

估计的结果如图 10-13 和图 10-14 所示。

Var: UNTITLED Workfile: VAR::Untitled\   _ □ X

View Proc Object | Print Name Freeze | Estimate Stats Impulse

Vector Autoregression Estimates

Vector Autoregression Estimates
Date: 05/11/14 Time: 19:57
Sample (adjusted): 1998Q1 2008Q3
Included observations: 43 after adjustments
Standard errors in ( ) & t-statistics in [ ]

	CPI	M
CPI(-1)	0.741567 (0.17493) [4.23912]	0.361101 (0.24527) [1.47226]
CPI(-2)	0.419165 (0.21423) [1.95661]	-0.324771 (0.30037) [-1.08125]
CPI(-3)	0.051211 (0.23324) [0.21956]	-0.403609 (0.32702) [-1.23421]
CPI(-4)	-0.443559 (0.16791) [-2.64159]	0.416989 (0.23543) [1.77121]
M(-1)	0.127094 (0.10669) [1.19119]	0.702453 (0.14959) [4.69575]
M(-2)	0.177196 (0.13880) [1.27659]	-0.083109 (0.19461) [-0.42704]

图 10-13　VAR 输出结果（a）

M(-3)	-0.179135 (0.14123) [-1.26843]	0.025126 (0.19801) [0.12690]
M(-4)	0.049322 (0.10768) [0.45804]	-0.285936 (0.15098) [-1.89392]
C	-2.497541 (1.53387) [-1.62826]	10.44681 (2.15059) [4.85764]

R-squared	0.886439	0.623136
Adj. R-squared	0.859719	0.534462
Sum sq. resids	31.14349	61.22181
S.E. equation	0.957071	1.341880
F-statistic	33.17483	7.027263
Log likelihood	-54.07856	-68.61038
Akaike AIC	2.933887	3.609785
Schwarz SC	3.302510	3.978408
Mean dependent	1.558140	16.32951
S.D. dependent	2.555315	1.966690

Determinant resid covariance (dof adj.)	1.645590
Determinant resid covariance	1.028827
Log likelihood	-122.6397
Akaike information criterion	6.541383
Schwarz criterion	7.278629

图 10-14　VAR 输出结果（b）

【模型的稳定性检验】　VAR 模型对模型稳定性的要求是特征根的倒数要小于 1，或者特征根都落在单位圆内部。在 EViews 上实现检验 VAR 模型的稳定就是当 VAR 模型输出结果后，单击 "View" → "Lag Structure" → "AR Roots Table"，如图 10-15 所示。

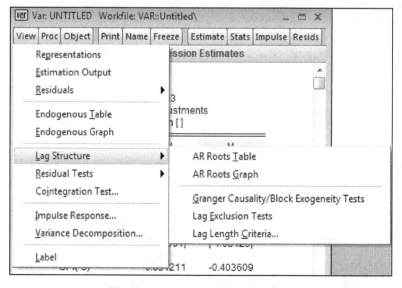

图 10-15　View-Lag Structure 子菜单

这时特征根的倒数就会以表格的形式显示，如图 10-16 所示。

Var: UNTITLED   Workfile: VAR::Untitled\

View | Proc | Object | Print | Name | Freeze | Estimate | Stats | Impulse | R

VAR Stability Condition Check

Roots of Characteristic Polynomial
Endogenous variables: CPI M
Exogenous variables: C
Lag specification: 1 4
Date: 05/11/14   Time: 20:19

Root	Modulus
0.863122 - 0.276687i	0.906386
0.863122 + 0.276687i	0.906386
0.754197 - 0.456232i	0.881454
0.754197 + 0.456232i	0.881454
-0.516901 - 0.667388i	0.844152
-0.516901 + 0.667388i	0.844152
-0.378408 - 0.300715i	0.483344
-0.378408 + 0.300715i	0.483344

No root lies outside the unit circle.
VAR satisfies the stability condition.

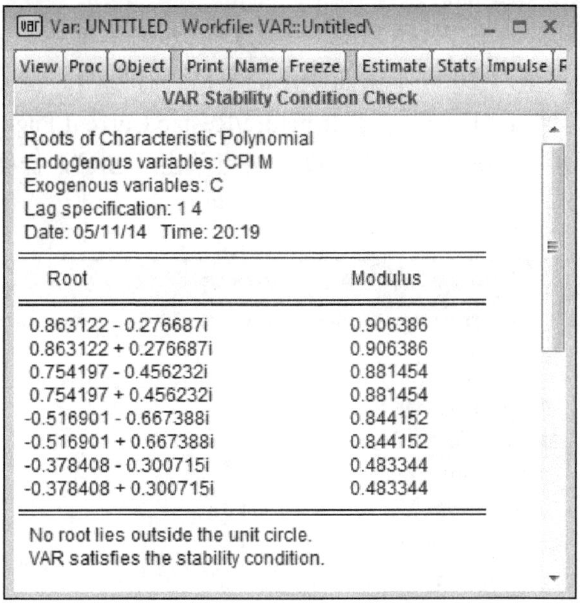

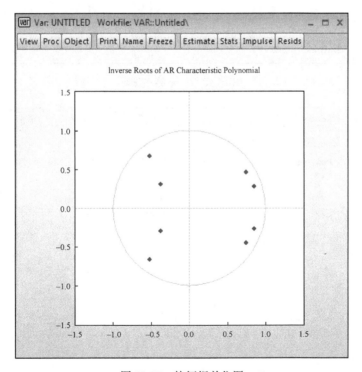

图 10-16　特征根输出结果

如果单击“View”→“Lag Structure”→“AR Roots Graph”。特征根就会以图形的方式显示出来，如图 10-17 所示。

图 10-17　特征根单位图

　　无论是通过表格还是图形形式显示都表明，所建立 VAR 模型的特征根倒数都是小于 1 的，说明 VAR 模型是稳定的。

【预测】　由于先前只是使用了 1997 年第一季度到 2008 年第三季度的数据，现在依据已经建立好的 VAR 模型对 2008 年第四季度的数据进行预测。首先要修改先前建立的时间序列数据结构，单击"Proc"→"Structure/Resize Current Page"。将数据区间修改为从 1997 年第一季度到 2008 年第四季度，然后单击"OK"，操作过程如图 10-18 和图 10-19 所示。

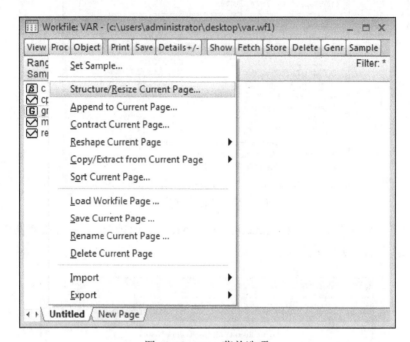

图 10-18　Proc 菜单选项

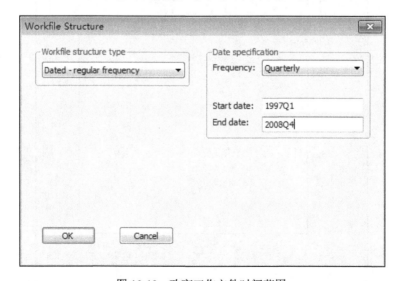

图 10-19　改变工作文件时间范围

在已经建立的 VAR 模型菜单栏里，单击"Proc"→"Make Model"，在弹出的对话框中，单击"Solve"，然后对弹出的菜单进行设定，单击"确定"。这时 EViews 会自动生成 CPI_0 和 M_0 序列，它们对应 2008 第四季度的值就是相应预测值，其中居民消费价格指数 CPI2008 第四季度增长率的预测值为 1.509，高估了 0.3 个百分点，货币供给 M 第四季度增长率的预测值为 16.43，低估了 1.36 个百分点。操作过程如图 10-20～图 10-23 所示。

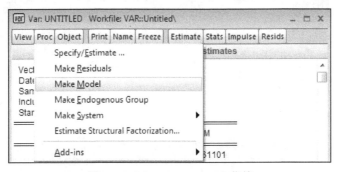

图 10-20 Proc-Make Model 菜单

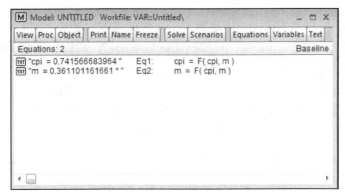

图 10-21 生成序列

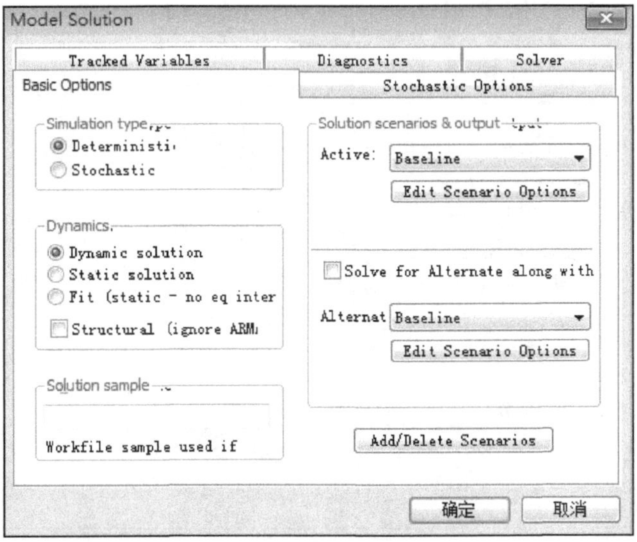

图 10-22 Solve 选项对话框

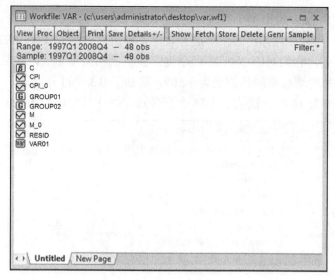

图 10-23　工作文件窗口

【脉冲响应】　VAR 模型的脉冲响应函数用于分析模型内部变量之间的关系，是 VAR 模型的主要分析工具。单击"View"→"Impulse Respone"，对弹出的对话框进行设定，在"Display Format"选择"Multiple Graphs"，表示脉冲响应函数以多图的方式进行陈列。在"Response Standard Errors"选中"Analytic"表示以解析法计算渐近标准误。在"Display Information"中的"Impulses"中填写"CPI M"，表示冲击变量。在"Responses"中填写"CPI"，表示相应变量。如图 10-24 和图 10-25 所示。

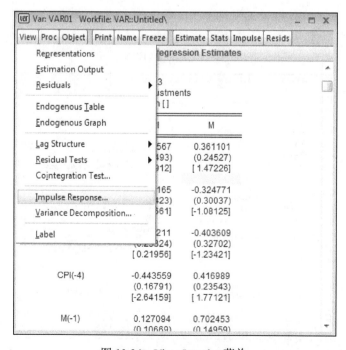

图 10-24　View-Impulse 菜单

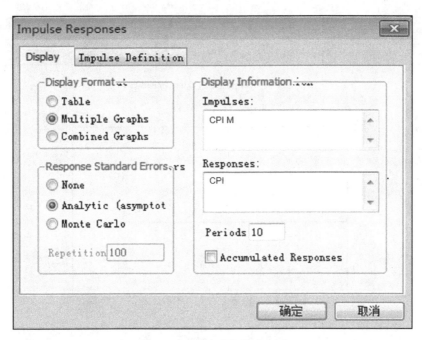

图 10-25　脉冲响应设定选项

"Impulse Definition" 选项卡用于设定残差协方差矩阵的分解方法和冲击排序。在 "Decomposition Method" 方法中选择 "Cholesky-dof adjusted" 表示将残差进行了 Cholesky 正交分解后的一个标准差冲击，并且经过自由度调整，如图 10-26 所示，单击 "确定" 后，得到结果如图 10-27 所示。

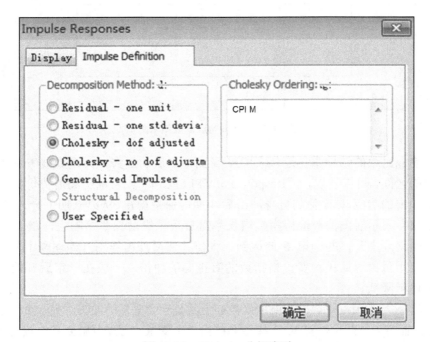

图 10-26　Cholesky 分解选项

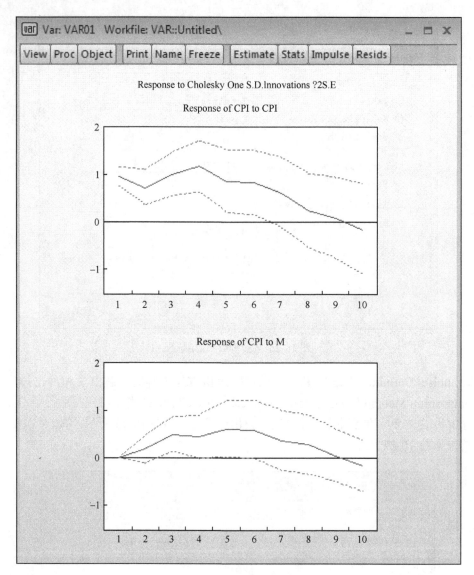

图 10-27　脉冲响应函数结果图

脉冲响应函数的结果图实现代表 CPI 受到冲击后的走势，两侧虚线表示走势的两个标准差的区间。可以发现，"Response of CPI to CPI"，表示居民消费价格指数增长率对自身冲击的响应，CPI 受到自身冲击后 4 期内保持稳定，从第五期下降。"Response of CPI to M"表示居民消费价格指数增长率对货币供给增长率的响应，CPI 受到 M 冲击后一开始逐渐上升，并于第 6 期达到最大值，然后冲击作用开始逐渐下降，至第 9 期为 0。货币供给对居民消费价格指数的有正向的冲击，一般在一年后开始达到最大值，此后逐渐降低。

【方差分解】　一般情况下，脉冲响应函数捕捉的是一个变量的冲击对另一个变量影响的动态路径，而方差分解可以将 VAR 模型系统内一个变量的方差分解到各个扰动项上，方差分解提供了关于每个扰动因素影响 VAR 模型内各个变量的相对程度。

打开已经设定好的 VAR 模型，单击"View"→"Variance Decompositions"，在"VAR Variance Decompositions"对话框中对方差分解进行设定，各个选框的填写含义与脉冲相应一致。但是这次选择将图像重叠显示在一张图上，操作过程与结果如图 10-28～图 10-30 所示。

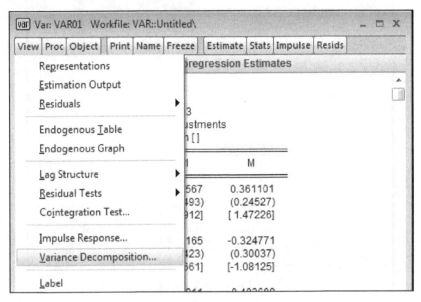

图 10-28　View-Variance 菜单

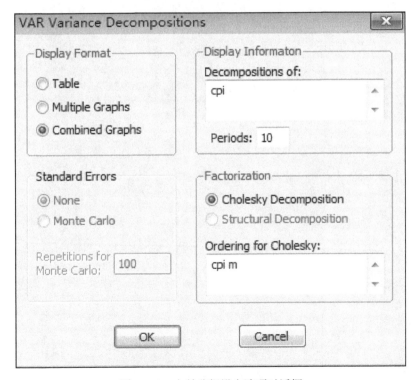

图 10-29　方差分解设定选项对话框

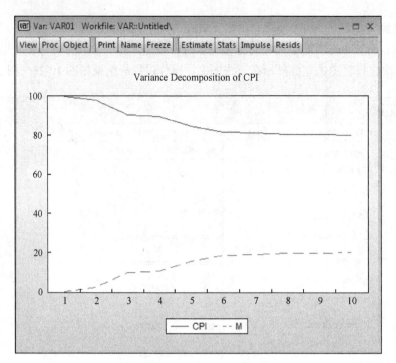

图 10-30   方差分解图

第十一章 面板数据模型分析

> 本章一句话提示：固定效应和随机效应的识别与建模。

一、面板数据定义

面板数据是同时在时间和截面上取得的二维数据。面板数据也可以定义为相同截面上的个体在不同时点的重复观测数据或者称为纵向变量序列（个体）的多次测量。所以，面板数据（panel data）也称时间序列截面数据（time series and cross section data）或混合数据（pool data）。

利用面板数据建立模型的好处是：①由于观测值的增多，可以增加估计量的抽样精度；②对于固定效应回归模型能得到参数的一致估计量，甚至有效估计量；③面板数据建模比单截面数据建模可以获得更多的动态信息。

二、面板数据模型分类

用面板数据建立的模型通常有 3 种，即混合回归模型、固定效应回归模型和随机效应回归模型。

（一）混合回归模型

如果一个面板数据模型定义为

$$y_{i,t} = \alpha + x'_{i,t}\beta + \varepsilon_{i,t}, \quad i = 1,2,\cdots,N; t = 1,2,\cdots,T$$

式中，$y_{i,t}$ 为被回归变量（标量）；α 为截距项；$x_{i,t}$ 为 $k \times 1$ 阶回归变量列向量（包括 k 个回归量）；β 为 $k \times 1$ 阶回归系数列向量；$\varepsilon_{i,t}$ 为误差项（标量）。则称此模型为混合回归模型。混合回归模型的特点是无论对任何个体和截面，回归系数 α 和 β 都相同。

如果模型是正确设定的，解释变量与误差项不相关，即 Cov($x_{i,t}$, $\varepsilon_{i,t}$)=0。那么无论是 $N \to \infty$，还是 $T \to \infty$，模型参数的混合最小二乘估计量（pooled OLS）都是一致估计量。

（二）固定效应回归模型

固定效应回归模型（fixed effects regression model）分为 3 种类型，即个体固定效应回归模型、时点固定效应回归模型和个体时点双固定效应回归模型。下面分别介绍。

1. 个体固定效应回归模型

如果一个面板数据模型定义为

$$y_{i,t} = \alpha_i + x'_{i,t}\beta + \varepsilon_{i,t}, \quad i = 1,2,\cdots,N; t = 1,2,\cdots,T$$

式中，α_i 是随机变量，表示对于 i 个个体有 i 个不同的截距项，且其变化与 $x_{i,t}$ 有关系；$x_{i,t}$

为 $k×1$ 阶回归变量列向量（包括 k 个回归量），β 为 $k×1$ 阶回归系数列向量，对于不同个体回归系数相同，$y_{i,t}$ 为被回归变量（标量），$\varepsilon_{i,t}$ 为误差项（标量），则称此模型为个体固定效应回归模型。

个体固定效应模型的强假定条件是

$$E(\varepsilon_{i,t}|\alpha_i,x_{i,t}) = 0, \quad i = 1,2,\cdots,N$$

α_i 作为随机变量描述不同个体建立的模型间的差异。因为 α_i 是不可观测的，且与可观测的解释变量 $x_{i,t}$ 的变化相联系，所以称为个体固定效应回归模型。

个体固定效应回归模型也可以表示为

$$y_{i,t} = \alpha_1 D_1 + \alpha_2 D_2 + \cdots + \alpha_N D_N + x'_{i,t}\beta + \varepsilon_{i,t}, \quad t = 1,2,\cdots,T$$

式中，

$$D_i = \begin{cases} 1, & \text{属于第} i \text{个个体，} i = 1,2,\cdots,N \\ 0, & \text{其他} \end{cases}$$

注意：（1）在 EViews5.0 输出结果中 α_i 是以一个不变的常数部分和随个体变化的部分相加而成。

（2）在 EViews 5.0 以上版本个体固定效应对话框中的回归因子选项中填不填 c，输出结果都会有固定常数项。

个体固定效应回归模型的估计方法有多种，需设法除去 α_i 的影响，从而保证 β 估计量的一致性。

2. 时点固定效应回归模型

如果一个面板数据模型定义为

$$y_{i,t} = \gamma_t + x'_{i,t}\beta + \varepsilon_{i,t}, \quad i = 1,2,\cdots,N$$

式中，γ_t 是模型截距项，随机变量，表示对于 T 个截面有 T 个不同的截距项，且其变化与 $x_{i,t}$ 有关系；$y_{i,t}$ 为被回归变量（标量）；$\varepsilon_{i,t}$ 为误差项（标量），满足通常假定条件；$x_{i,t}$ 为 $k×1$ 阶回归变量列向量（包括 k 个回归变量）；β 为 $k×1$ 阶回归系数列向量。则称此模型为时点固定效应回归模型。

时点固定效应回归模型也可以加入虚拟变量表示为

$$y_{i,t} = \gamma_0 + \gamma_1 W_1 + \gamma_2 W_2 + \cdots + \gamma_T W_T + x'_{i,t}\beta + \varepsilon_{i,t}, \quad i = 1,2,\cdots,N; t = 1,2,\cdots,T$$

式中，

$$W_t = \begin{cases} 1, & \text{属于第} t \text{个截面,} t = 1,2,\cdots,T \\ 0, & \text{其他(不属于第} t \text{个截面)} \end{cases}$$

设定时点固定效应回归模型的原因。假定有面板数据模型：

$$y_{i,t} = \gamma_0 + \beta_1 x_{i,t} + \gamma_2 z_t + \varepsilon_{i,t}, \quad i = 1,2,\cdots,N; t = 1,2,\cdots,T$$

式中，β_1 为常数，不随时间、截面变化；z_t 表示随不同截面（时点）变化，但不随个体变化的难以观测的变量。

3. 个体时点固定效应回归模型

如果一个面板数据模型定义为

$$y_{i,t} = \alpha_0 + \alpha_i + \gamma_t + x'_{i,t}\beta + \varepsilon_{i,t}, \quad i=1,2,\cdots,N; t=1,2,\cdots,T$$

式中，$y_{i,t}$ 为被回归变量（标量）；α_i 为随机变量，表示对于 N 个个体有 N 个不同的截距项，且其变化与 $x_{i,t}$ 有关系；γ_t 为随机变量，表示对于 T 个截面（时点）有 T 个不同的截距项，且其变化与 $x_{i,t}$ 有关系；$x_{i,t}$ 为 $k\times1$ 阶回归变量列向量（包括 k 个回归量）；β 为 $k\times1$ 阶回归系数列向量；$\varepsilon_{i,t}$ 为误差项（标量）满足通常假定 $(\varepsilon_{i,t}|\,x_{i,t},\,\alpha_i,\,\gamma_t)=0$。则称此模型为个体时点固定效应回归模型。

个体时点固定效应回归模型还可以表示为

$$y_{i,t} = \alpha_0 + \alpha_1 D_1 + \alpha_2 D_2 + \cdots + \alpha_N D_N + \gamma_1 W_1 + \gamma_2 W_2 + \cdots + \gamma_T W_T + x'_{i,t}\beta + \varepsilon_{i,t}$$

式中，

$$D_i = \begin{cases} 1, & \text{属于第}i\text{个个体，} i=1,2,\cdots,N \\ 0, & \text{其他} \end{cases}$$

$$W_t = \begin{cases} 1, & \text{属于第}t\text{个截面，} t=1,2,\cdots,T \\ 0, & \text{其他(不属于第}t\text{个截面)} \end{cases}$$

如果模型形式是正确设定的，并且满足模型通常的假定条件，对模型进行混合 OLS 估计，全部参数估计量都是不一致的。正如个体固定效应回归模型可以得到一致的甚至有效的估计量一样，一些计算方法也可以使个体时点双固定效应回归模型得到更有效的参数估计量。

在上述三种固定效应回归模型中，个体固定效应回归模型最为常用。

（三）随机效应模型

对于面板数据模型：

$$y_{i,t} = \alpha_i + x'_{i,t}\beta + \varepsilon_{i,t}, \quad i=1,2,\cdots,N; t=1,2,\cdots,T$$

如果 α_i 为随机变量，其分布与 $x_{i,t}$ 无关；$x_{i,t}$ 为 $k\times1$ 阶回归变量列向量（包括 k 个回归量），β 为 $k\times1$ 阶回归系数列向量，对于不同个体回归系数相同；$y_{i,t}$ 为被回归变量（标量）；$\varepsilon_{i,t}$ 为误差项（标量）。这种模型称为个体随机效应回归模型（random effects regression model）也即随机截距模型、随机分量模型。其假定条件是

$$\alpha_i \sim \text{iid}(\alpha, \sigma_\alpha^2)$$
$$\varepsilon_{i,t} \sim \text{iid}(0, \sigma_\varepsilon^2)$$

都被假定为独立同分布，但并未限定何种分布。

同理也可定义时点随机效应回归模型和个体时点随机效应回归模型，但个体随机效应回归模型最为常用。

这里所说的个体随机效应回归模型其实是有别于真正的随机效应回归模型。

对于个体随机效应模型，$E(\alpha_i|X_{i,t})=\alpha$，则有 $E(y_{i,t}|x_{i,t})=\alpha+x_{i,t}'\beta$，对 $y_{i,t}$ 可以识别。所以随机效应模型参数的混合 OLS 估计量具有一致性，但不具有有效性。

注：在一些译著中，固定效应模型也称为"相关效应模型"，而随机效应模型也称为"非相关效应模型"。因为固定效应模型和随机效应模型中的 α_i 都是随机变量。

三、面板数据模型设定的检验方法

面板数据建模的一项重要任务就是判别模型中是否存在个体固定效应。以个体随机效应模型 $y_{i,t}=\alpha_i+x_{i,t}'\beta+\varepsilon_{i,t}$ 为例，无论是固定效应还是随机效应模型，α_i 都被看作是随机变量，并都有假定条件：

$$E(y_{i,t}|\alpha_i,X_{i,t})=\alpha_i+x_{i,t}'\beta$$

下面介绍两种检验方法，F 检验和 Hausman 检验。

（一）协变检验

协变检验，也称 F 检验，用来检验建立的是混合回归模型还是个体固定效应回归模型。建立假设如下。

H_0：$\alpha_i=\alpha$。模型中不同个体的截距相同（混合回归模型为合适模型）。

H_1：模型中不同个体的截距项 α_i 不同（个体固定效应回归模型为合适模型）。

F 统计量定义为

$$F=\frac{(SSE_r-SSE_u)/[(NT-k)-(NT-N-k)]}{SSE_u/(NT-N-k)}=\frac{(SSE_r-SSE_u)/N}{SSE_u/(NT-N-k)}$$

式中，SSE_r 表示约束模型，即混合估计模型的残差平方和；SSE_u 表示非约束模型，即个体固定效应回归模型的残差平方和，约束条件为 N 个；k 表示公共参数个数。

（二）Hausman 检验

原假设与备择假设如下。

H_0：个体效应与解释变量无关（即随机效应模型为合适模型）；

H_1：个体效应与解释变量相关（即固定效应模型为合适模型）。

无论 H_0 是否成立，固定效应回归模型都是一致的，而若原假设成立，则随机效应回归模型比固定效应回归模型更有效。Hausman 检验的思想就是，如果（$\hat{\beta}_{FE}-\hat{\beta}_{RE}$）的差距很大，就倾向于拒绝 H_0。构造的检验统计量为

$$W=(\hat{\beta}_{FE}-\hat{\beta}_{RE})'\hat{\Sigma}^{-1}(\hat{\beta}_{FE}-\hat{\beta}_{RE})$$

式中，　$\hat{\Sigma}^{-1}=Var(\hat{\beta}_{FE}-\hat{\beta}_{RE})$。

在原假设 H_0 成立的条件下，统计量 W 服从自由度为 k 的 χ^2 分布，k 为模型中变量的个数。

在 STATA 中，可以直接运用命令"Hausman"来实现。但如果扰动项存在异方差，则以上 Hausman 检验不适用，解决的方法之一是通过自助法"Bootstrap"，即计算机模拟再抽样来计算 $Var(\hat{\beta}_{FE}-\hat{\beta}_{RE})$。具体方法详见文献（陈强，2010）第 16 章。

四、面板数据模型估计方法

面板数据模型中 β 的估计量既不同于截面数据估计量，也不同于时间序列估计量，其性质随设定固定效应模型是否正确而变化。回归变量 $x_{i,t}$ 可以是时变的，也可以是非时变的。

（一）混合 OLS 估计法

混合 OLS 估计方法是在时间上和截面上把 NT 个观测值混合在一起，然后用 OLS 法估计模型参数。给定混合模型：

$$y_{i,t} = \alpha + x'_{i,t}\beta + \varepsilon_{i,t}, \quad i = 1, 2, \cdots, N; t = 1, 2, \cdots, T$$

如果模型是正确设定的，且解释变量与误差项不相关，即 $\mathrm{Cov}(x_{i,t}, \varepsilon_{i,t})=0$。那么无论是 $N \to \infty$，还是 $T \to \infty$，模型参数的混合 OLS 估计量都具有一致性。

对混合模型通常采用的是混合 OLS 估计法。

然而，在误差项服从独立同分布条件下由 OLS 法得到的协方差矩阵，在这里通常不会成立。因为对于每个个体 i 及其误差项来说通常是序列相关的。NT 个相关观测值要比 NT 个相互独立的观测值包含的信息少，从而导致误差项的标准差常常被低估，估计量的精度被虚假夸大。

如果模型存在个体固定效应，即 α_i 与 $x_{i,t}$ 相关，那么对模型应用混合 OLS 估计方法，估计量不再具有一致性。解释如下。

假定模型实为个体固定效应模型 $y_{i,t}=\alpha_i+x_{i,t}'\beta+\varepsilon_{i,t}$，但却当作混合模型来估计参数，则模型可写为

$$y_{i,t} = \alpha + x'_{i,t}\beta + (\alpha_i - \alpha + \varepsilon_{i,t}) = \alpha + x'_{i,t}\beta + u_{i,t}$$

式中，$u_{i,t}=(\alpha_i-\alpha+\varepsilon_{i,t})$。因为 α_i 与 $x_{i,t}$ 相关，也即 $u_{i,t}$ 与 $x_{i,t}$ 相关，所以个体固定效应模型的参数若采用混合 OLS 估计，估计量不具有一致性。

（二）平均数 OLS 估计法

平均数 OLS 估计法的步骤是首先对面板数据中的每个个体求平均数，共得到 N 个平均数（估计值）。然后利用 $y_{i,t}$ 和 $x_{i,t}$ 的 N 组观测值估计参数。以个体固定效应回归模型：

$$y_{i,t} = \alpha_i + x'_{i,t}\beta + \varepsilon_{i,t}$$

为例，首先对面板中的每个个体求平均数，从而建立模型：

$$\bar{y}_i = \alpha_i + \bar{x}'_i\beta + \bar{\varepsilon}_i, \quad i = 1, 2, \cdots, N$$

式中，$\bar{y}_i = T^{-1}\sum_{t=1}^{T} y_{it}$，$\bar{X}_i = T^{-1}\sum_{t=1}^{T} x_{i,t}$，$\bar{\varepsilon}_i = T^{-1}\sum_{t=1}^{T} \varepsilon_{i,t}$ ($i=1, 2, \cdots, N$)。变换上式得

$$\bar{y}_i = \alpha + \bar{x}'_i\beta + (\alpha_i - \alpha + \bar{\varepsilon}_i), \quad i = 1, 2, \cdots, N$$

上式称作平均数模型。对上式应用 OLS 估计，则参数估计量称作平均数 OLS 估计量。此条件下的样本容量为 $N(T=1)$。

如果 $\bar{x}_i$ 与 $(\alpha_i-\alpha+\bar{\varepsilon}_i)$ 相互独立，α 和 β 的平均数 OLS 估计量是一致估计量。平均数 OLS 估计法适用于短期面板的混合模型和个体随机效应模型。对于个体固定效应模型来说，由于 α_i 和 x_{it} 相关，也即 α_i 和 $\bar{x}_i$ 相关，所以，回归参数的平均数 OLS 估计量是非一致估计量。

（三）离差变换 OLS 估计法

对于短期面板数据，离差变换 OLS 估计法的原理是先把面板数据中每个个体的观测值变换为对其平均数的离差观测值，然后利用离差变换数据估计模型参数。具体步骤是，对于个体固定效应回归模型：

$$y_{i,t} = \alpha_i + x'_{i,t}\beta + \varepsilon_{i,t}$$

中的每个个体计算平均数，可得到如下模型：

$$\bar{y}_i = \alpha_i + \bar{x}'_i\beta + \bar{\varepsilon}_i$$

式中，$\bar{y}_i$、$\bar{x}_i$、$\bar{\varepsilon}_i$ 的定义同平均数估计 OLS 法。上两式相减，消去了 α_i，得

$$y_{i,t} - \bar{y}_i = (x_{i,t} - \bar{x}_i)'\beta + (\varepsilon_{i,t} - \bar{\varepsilon}_i)$$

此模型称作离差变换数据模型。对上式应用 OLS 估计，所得 β 的估计量称作离差变换 OLS 估计量。对于个体固定效应回归模型，β 的离差变换 OLS 估计量是一致估计量。如果 $\varepsilon_{i,t}$ 还满足独立同分布条件，β 的离差变换 OLS 估计量不但具有一致性而且还具有有效性。如果对固定效应 α_i 感兴趣，也可按下式估计。

$$\hat{\alpha}_i = \bar{y}_i - \bar{x}'_i\hat{\beta}$$

利用中心化（或离差变换）数据，计算回归参数估计量 $\hat{\beta}$ 的方差协方差矩阵如下：

$$\hat{\mathrm{Var}}(\hat{\beta}) = \hat{\sigma}^2[(x_{i,t} - \bar{x}_i)'(x_{i,t} - \bar{x}_i)]^{-1}$$

式中，$\hat{\sigma}^2 = \dfrac{(\hat{\varepsilon}_{i,t} - \bar{\hat{\varepsilon}}_i)'(\hat{\varepsilon}_{i,t} - \bar{\hat{\varepsilon}}_i)}{NT - N - k}$。

个体固定效应回归模型的估计通常采用的就是离差变换 OLS 估计法。

在短期面板条件下，即便 α_i 的分布以及 α_i 和 $x_{i,t}$ 的关系都已知，α_i 的估计量仍不具有一致性。当个体数 N 不大时，可采用 OLS 虚拟变量估计法估计 α_i 和 β。

离差变换 OLS 估计法的主要缺点是不能估计非时变回归变量构成的面板数据模型。如果 $x_{i,t} = x_i$（非时变变量），那么有 $\bar{x}_i = x_i$，计算离差时有 $x_i - \bar{x}_i = 0$。

（四）一阶差分 OLS 估计法

在短期面板条件下，一阶差分 OLS 估计就是对个体固定效应模型中的解释变量与被解释变量的差分变量构成的模型的参数进行 OLS 估计。具体步骤是，对个体固定效应回归模型：

$$y_{i,t} = \alpha_i + x'_{i,t}\beta + \varepsilon_{i,t}$$

取其滞后一期关系式：

$$y_{i,t-1} = \alpha_i + x'_{i,t-1}\beta + \varepsilon_{i,t-1}$$

上两式相减，得一阶差分模型（α_i 被消去）：

$$y_{i,t} - y_{i,t-1} = (x_{i,t} - x_{i,t-1})'\beta + (\varepsilon_{i,t} - \varepsilon_{i,t-1}), \quad i = 1,2,\cdots,N; t = 1,2,\cdots,T$$

对上式应用 OLS 估计得到的 β 的估计量称作一阶差分 OLS 估计量。尽管 α_i 不能被估计，β 的估计量是一致估计量。

在 $T>2$，$\varepsilon_{i,t}$ 独立同分布条件下得到的 β 的一阶差分 OLS 估计量不如离差变换 OLS 估计量有效。

（五）随机效应 FGLS 估计法

有个体固定效应模型：

$$y_{i,t} = \alpha_i + x'_{i,t}\beta + \varepsilon_{i,t}$$

α_i，$\varepsilon_{i,t}$ 服从独立同分布。对其做如下变换：

$$y_{i,t} - \hat{\lambda}\bar{y}_i = (1-\hat{\lambda})\mu + (x_{i,t} - \hat{\lambda}\bar{x}_i)'\beta + v_{i,t}$$

式中，$v_{i,t} = (1-\hat{\lambda})\alpha_i + (\varepsilon_{i,t} - \hat{\lambda}\bar{\varepsilon}_i)$ 渐近服从独立同分布，$\lambda = 1 - \dfrac{\sigma_\varepsilon}{\sqrt{\sigma_\varepsilon^2 + T\sigma_\alpha^2}}$，应用 OLS 估计，

则所得估计量称为随机效应估计量或可行 GLS 估计量。当 $\hat{\lambda}=0$ 时，上式等同于混合 OLS 估计；当 $\hat{\lambda}=1$ 时，上式等同于离差变换 OLS 估计。

对于随机效应模型，可行 GLS 估计量不但是一致估计量，而且是有效估计量，但对于个体固定效应模型，可行 GLS 估计量不是一致估计量。

面板数据模型估计量的稳健统计推断。在实际的经济面板数据中，N 个个体之间相互独立的假定通常是成立的，但是每个个体本身却常常是序列自相关的，且存在异方差。为了得到正确的统计推断，需要克服这两个因素。

对于第 i 个个体，当 $N\to\infty$，x_i 的协方差矩阵仍然是 $T \times T$ 有限阶的，所以可以用以前的方法克服异方差。采用 GMM 方法还可以得到更有效的估计量。

EViwes 中对随机效应回归模型的估计采用的就是可行的 FGLS 估计法。

【例 11-1】 面板数据模型。

基于相关投资理论，考察企业实际总投资（Y）与企业实际价值（$X1$）、实际资本存量（$X2$）之间关系，通过运用四家美国大公司，即通过电气（GE）、通用汽车（GM）、美国钢铁（US）以及西屋电气（WEST）从 1935～1954 年的数据（表 11-1），来说明上述三个变量之间的关系。

表 11-1　美国四大公司 1935～1954 年投资数据（单位：百万美元）

年份	企业的总投资 Y_GE	前一年企业市场价值_GE	前一年末工厂存货及设备价值_GE	企业的总投资 Y_US	前一年企业市场价值_US	前一年末工厂存货及设备价值_US
1935	33.1	1170.6	97.8	209.9	1362.4	53.8
1936	45	2015.8	104.4	355.3	1807.1	50.5
1937	77.2	2803.3	118	469.9	2673.3	118.1
1938	44.6	2039.7	156.2	262.3	1801.9	260.2
1939	48.1	2256.2	172.6	230.4	1957.3	312.7
1940	74.4	2132.2	186.6	361.6	2202.9	254.2
1941	113	1834.1	220.9	472.8	2380.5	261.4
1942	91.9	1588	287.8	445.6	2168.6	298.7
1943	61.3	1749.4	319.9	361.6	1985.1	301.8
1944	56.8	1687.2	321.3	288.2	1813.9	279.1
1945	93.6	2007.7	319.6	258.7	1850.2	213.8
1946	159.9	2208.3	346	420.3	2067.7	232.6
1947	147.2	1656.7	456.4	420.5	1796.7	264.8
1948	146.3	1604.4	543.4	494.5	1625.8	306.9
1949	98.3	1431.8	618.3	405.1	1667	351.1
1950	93.5	1610.5	647.4	418.8	1677.4	357.8
1951	135.2	1819.4	671.3	588.2	2289.5	341.1
1952	157.3	2079.7	726.1	645.2	2159.4	444.2
1953	179.5	2371.6	800.3	641	2031.3	623.6
1954	189.6	2759.9	888.9	459.3	2115.5	669.7

年份	企业的总投资 Y_GM	前一年企业市场价值_GM	前一年末工厂存货及设备价值_GM	企业的总投资 Y_WEST	前一年企业市场价值_WEST	前一年末工厂存货及设备价值_WEST
1935	317.6	3078.5	2.8	12.93	191.5	1.8
1936	391.8	4661.7	52.6	25.9	516	0.8
1937	410.6	5387.1	156.9	35.05	729	7.4
1938	257.7	2792.2	209.2	22.89	560.4	18.1
1939	330.8	4313.2	203.4	18.84	519.9	23.5
1940	461.2	4643.9	207.2	28.57	628.5	26.5
1941	512	4551.2	255.2	48.51	537.1	36.2
1942	448	3244.1	303.7	43.34	561.2	60.8
1943	499.6	4053.7	264.1	37.02	617.2	84.4
1944	547.5	4379.3	201.6	37.81	626.7	91.2

续表

年份	企业的总投资 Y_GM	前一年企业市场价值_GM	前一年末工厂存货及设备价值_GM	企业的总投资 Y_WEST	前一年企业市场价值_WEST	前一年末工厂存货及设备价值_WEST
1945	561.2	4840.9	265	39.27	737.2	92.4
1946	688.1	4900	402.2	53.46	760.5	86
1947	568.9	3526.5	761.5	55.56	581.4	111.1
1948	529.2	3245.7	922.4	49.56	662.3	130.6
1949	555.1	3700.2	1020.1	32.04	583.8	141.8
1950	642.9	3755.6	1099	32.24	635.2	136.7
1951	755.9	4833	1207.7	54.38	732.8	129.7
1952	891.2	4924.9	1430.5	71.78	864.1	145.5
1953	1304.4	6241.7	1777.3	90.08	1193.5	174.8
1954	1486.7	5593.6	2226.3	68.6	1188.9	213.5

注：Y=总投资=厂房与设备的增添，加上维护和维修，经平缩后的百万美元计

$X1$=厂商价值=普通和优先股的 12 月 31 日价格（或当年 12 月 31 日与次年 1 月 31 日平均价格）乘以未清偿普通股与优先股数，加上债款的 12 月 31 日总账面价值，经过平缩的百万美元计。

$X2$=厂房设备存量=经平缩的厂房设备经添增的累积和，减去经平缩的折旧扣除。

根据相关理论企业总投资依赖于前一年的企业股市市场价值和前一年企业固定资产存量价值。建立如下的模型。

运用 OLS 分别估计四家公司的 Y 关于 $X1$ 与 $X2$ 的回归方程。

通过电气（GE）的 OLS 估计结果：

$$Y=-9.956+0.027X1+0.152X2$$
$$(-0.317)\ (1.706)\ \ (5.902)$$
$$\bar{R}^2=0.671\quad D.W.=1.072\quad RSS=13216.59$$

通用汽车（GM）的 OLS 估计结果：

$$Y=-149.467+0.119X1+0.372X2$$
$$(-1.414)\ (4.62)\ \ \ (10.027)$$
$$\bar{R}^2=0.912\quad D.W.=0.937\quad RSS=143117.9$$

美国钢铁（US）的 OLS 估计结果：

$$Y=-50.078+0.171X1+X2$$
$$(-0.341)\ \ (2.325)\ (2.821)$$
$$\bar{R}^2=0.42\quad D.W.=0.922\quad RSS=154988$$

西屋电气（WEST）的 OLS 估计结果：

$$Y=-0.58+0.053X1+0.092X2$$
$$(-0.072)\ (3.378)\ \ \ (1.633)$$

$$\bar{R}^2 = 0.715 \quad \text{D.W.}=1.411 \quad \text{RSS}=1769.034$$

将四个公司看作一个公司（80 个样本点），即公司之间没有差别的情况下，OLS 估计结果：

$$Y=-63.304+X1+X2$$
$$(-2.138)(8.019)(6.155)$$
$$\bar{R}^2 = 0.75 \quad \text{D.W.}=0.356 \quad \text{RSS}=1560690$$

下面运用 EViews 估计一个在横截面个体上变截距定系数的模型。

录入数据，打开 EViews 创建一个 New Worfile，如图 11-1 所示。

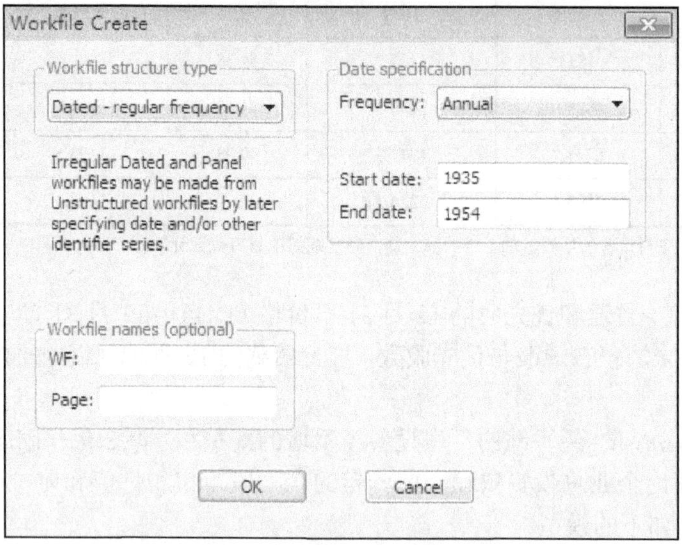

图 11-1　工作文件创建窗口

建立一个 1935～1954 年的时间序列文件，单击"OK"，如图 11-2 所示。

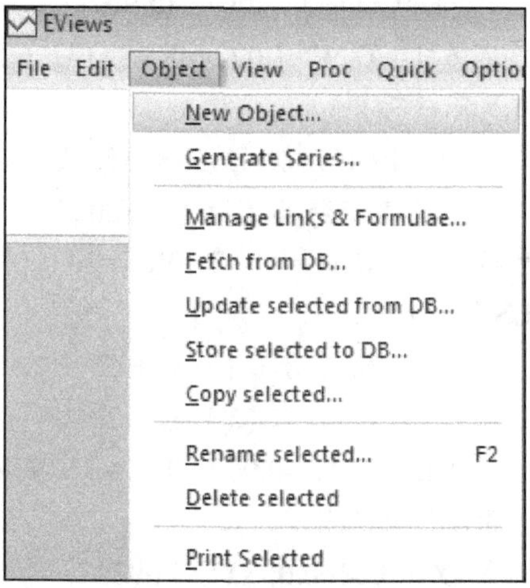

图 11-2　Object 菜单

单击"Object"→"New Object",在"Type of object"选择"Pool",在"Name for object"中为其命名为"Pool1",单击"OK",如图 11-3 所示。

图 11-3 Object-Pool 菜单

在弹出的窗口中为横截面个体命名,输入"GE US GM WEST",如图 11-4 所示。

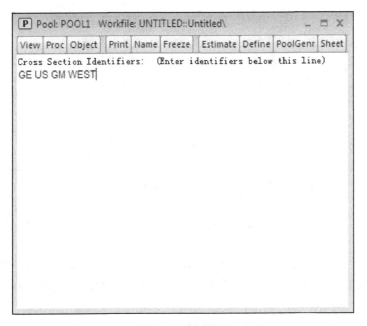

图 11-4 序列命名

单击"View"→"Spreedsheet（stacked data）"，输入每个横截面个体下面的变量字段，如图 11-5 和图 11-6 所示。

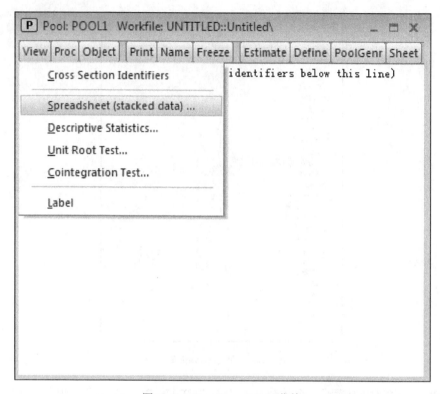

图 11-5　View-Spreedsheet 菜单

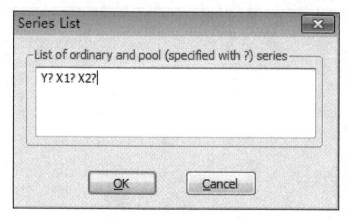

图 11-6　变量字段输入对话框

这里输入"Y? X1? X2?"，然后单击"OK"。注意在每个变量后面一定要加一个问号，否则 EViews 将默认为每个横截面个体下面的 Y、$X1$、$X2$ 都是一样的，然后将数据按顺序录入。如图 11-7 所示。

在"Proc"中单击"Estimate"，如图 11-8 所示。

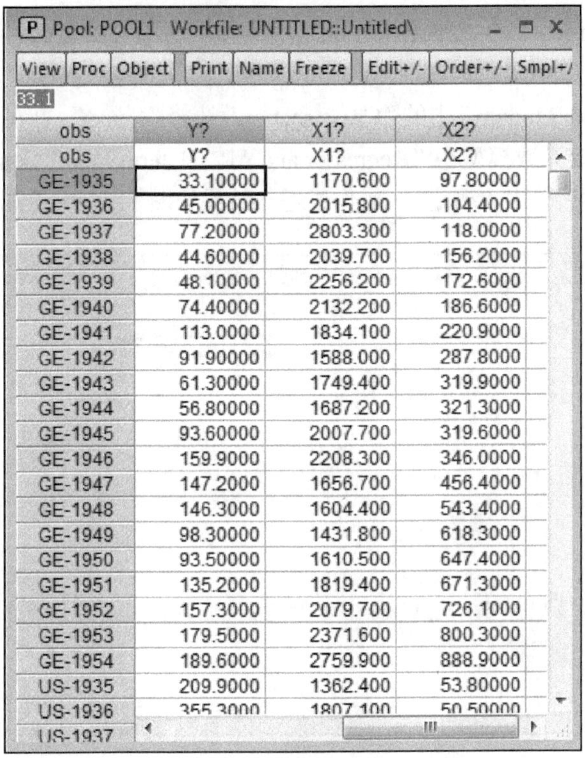

图 11-7　数据输入窗口

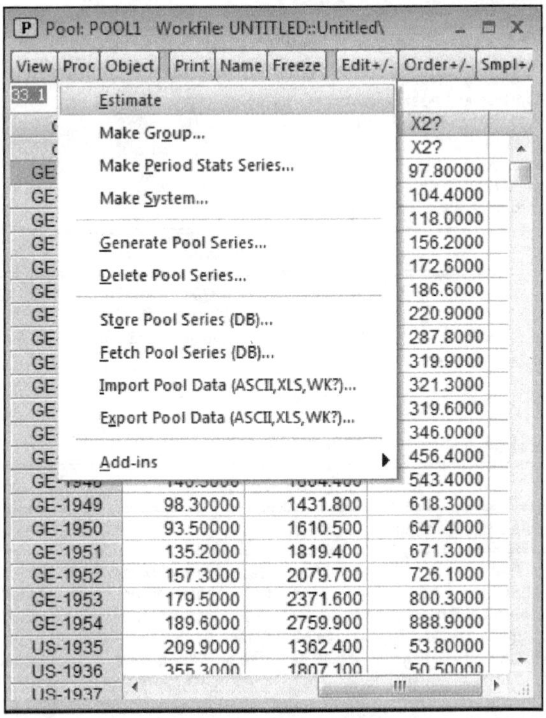

图 11-8　Proc-Estimate 菜单

在"Pool Estimation"的"Specification"中具体填写相应的空白。由于要估计一个由横截面个体所导致的变截距定系数模型，也就是通常所说的固定效应模型，那么在"Estimation method"→"Fixed and Random"中的"Cross-section"选择"Fixed"，并在"Dependant variable"填入"Y?"，由于是定系数模型在"Regressor and AR（）term"→"Common coefficients"填写"C X1? X2?"，然后单击"确定"，操作过程与结果如图 11-9 和图 11-10 所示。

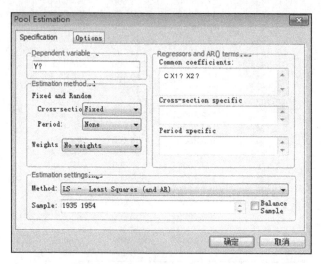

图 11-9　Pool 方程设定选项对话框

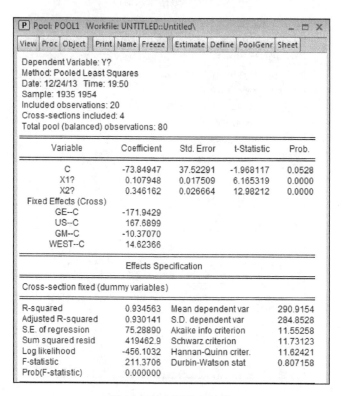

图 11-10　方程输出结果

这样就得到了想要的结果。首先在固定效应模型的前提下，对于每个公司它们都有共同的系数，在估计结果的报告中，看到对于四家公司 $X1$ 前的系数都是 0.108，$X2$ 前的系数都是 0.346。对于每个公司的截距也能清楚得到，如表 11-2 所示。

表 11-2　方程估计结果

公司	截距的差异部分	截距的共同部分	每个公司的截距
GE--C	−171.9429	−73.84947	−245.79237
US--C	167.6899	−73.84947	93.84043
GM--C	−10.3707	−73.84947	−84.22017
WEST--C	14.62366	−73.84947	−59.22581

还有另一种方式得到上述的固定效应模型，在一个按照公司数据顺序输入的 80 个样本 OLS 回归中引入 3 个虚拟变量（以避免虚拟变量陷阱），将通用电气公司（GE）设定为参照组，其中公司为美国钢铁（US）时 $D2=1$，其余取 0；公司为通用汽车（GM）时 $D3=1$，其余取 0；公司为西屋电气（WEST）时 $D4=1$，其余取 0，并直接给出了 OLS 的结果（图 11-11）：

$$Y=-245.792+0.108X1+0.346X2+339.633D2+161.572D3+186.567D4$$
$$(-6.864)\ (6.165)\quad (12.982)\ (14.159)\quad (3.478)\quad (5.921)$$
$$\bar{R}^2=0.93\quad \text{D.W.}=0.926\quad \text{RSS}=419462.9$$

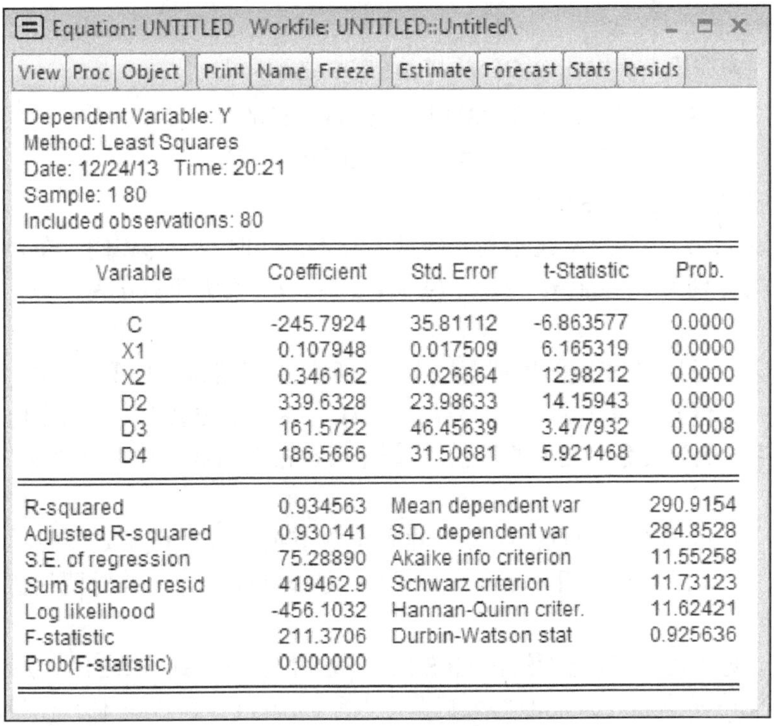

Dependent Variable: Y
Method: Least Squares
Date: 12/24/13 Time: 20:21
Sample: 1 80
Included observations: 80

Variable	Coefficient	Std. Error	t-Statistic	Prob.
C	-245.7924	35.81112	-6.863577	0.0000
X1	0.107948	0.017509	6.165319	0.0000
X2	0.346162	0.026664	12.98212	0.0000
D2	339.6328	23.98633	14.15943	0.0000
D3	161.5722	46.45639	3.477932	0.0008
D4	186.5666	31.50681	5.921468	0.0000

R-squared	0.934563	Mean dependent var	290.9154
Adjusted R-squared	0.930141	S.D. dependent var	284.8528
S.E. of regression	75.28890	Akaike info criterion	11.55258
Sum squared resid	419462.9	Schwarz criterion	11.73123
Log likelihood	-456.1032	Hannan-Quinn criter.	11.62421
F-statistic	211.3706	Durbin-Watson stat	0.925636
Prob(F-statistic)	0.000000		

图 11-11　方程输出结果

在上述引入虚拟变量的 OLS 情况各公司的截距情况如表 11-3 所示。

表 11-3 方程估计结果

公司	虚拟变量前的系数	参照组	每个公司的截距
GE--C	0	−245.7924	−245.7924
US--C	339.6328	−245.7924	93.8404
GM--C	161.5722	−245.7924	−84.2202
WEST--C	186.5666	−245.7924	−59.2258

这与用建立 pool 对象方式的结果是一致的。

下面通过协变检验，也称 F 检验，来确定上述的 3 类模型中选择一个作为最终的模型。有关的理论如下。

假设 1：斜率在不同的横截面样本点和时间上都相同，但截距不同。

假设 2：截距和斜率在不同的横截面样本点和时间上都相同。

检验假设 1 的 F 统计量：

$$F1 \sim F[(n-1)(K+1), n(T-K-1)]$$

检验假设 2 的 F 统计量：

$$F2 \sim F[(n-1)K, n(T-K-1)]$$

式中，n 为横截面个体的数目（$n=4$）；K 为不包含截距的解释变量数目（$K=2$）。

针对本例为在第一步中四个 OLS 回归的 RSS 之和，即

$$RSS_1 = 13216.59 + 143117.9 + 154988 + 1769.034 = 313091.5$$

$$RSS_2 = 1560690$$

经过计算 $F2=30.107$，$F1=3.85$。

对于假设 2：截距和斜率在不同的横截面样本点和时间上都相同。在 1%和 5%的显著水平上 F 值分别为 $F(9.68)=2.021$、$F(9.68)=2.68$。$F2$ 均大于以上两个值，因此拒绝进而检验。

对于假设 1：斜率在不同的横截面样本点和时间上都相同，但截距不同。在 1%和 5%的显著水平上 F 值分别为 $F(6.68)=2.235$，$F(9.68)=3.08$。$F1$ 均大于以上两个值，因此拒绝，认为模型应当设定为变截距变系数模型，即每个公司根据横截面样本点都应当有一个独立回归模型。

考虑由个体截面变化导致截距变化的固定效应模型（变截距定系数模型）有着极为广泛的应用，以下给出运用 OLS 法与 GLS 方法进行估计，并对两种估计的结果进行对比。

OLS 估计见上述所述，下面给出 GLS 估计，步骤与 OLS 是一致的，仅是在 "Weights" 项里面选择 "Cross-section weights"。然后单击"确定"就可得到 GLS 估计结果。如图 11-12 所示，结果如图 11-13 所示。

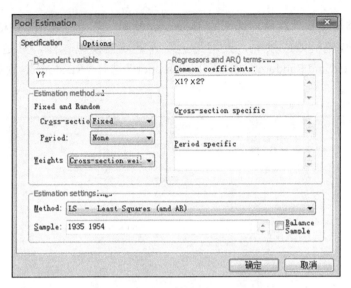

图 11-12 Pool 方程设定选项对话框

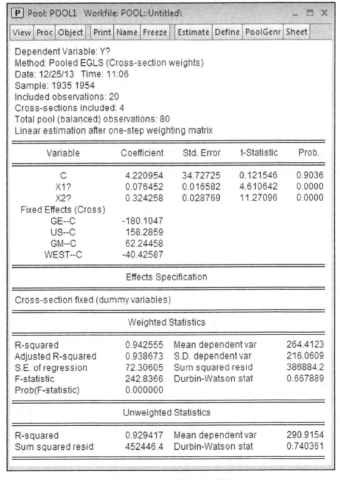

图 11-13 方程输出结果

在固定效应与随机效应做出选择的 Hausman 检验。首先建立一个由横截面个体导致的变截距定系数随机效应模型，过程与建立固定效应模型一样，只是在"Estimation method"→"Fixed and Random"中的"Cross-section"选择"Random"，然后单击"确定"，如图 11-14 所示。

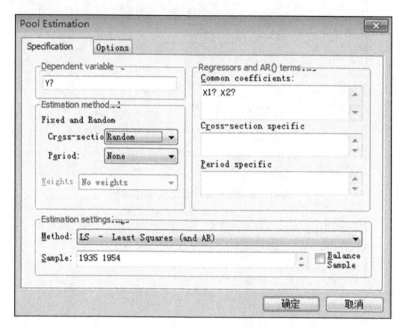

图 11-14　Pool 方程设定选项对话框

在随机效应估计的结果后，单击"View"→"Fixed/Random Effects Testing"→"Correlated Random Effects-Hausman Test"，如图 11-15 所示。

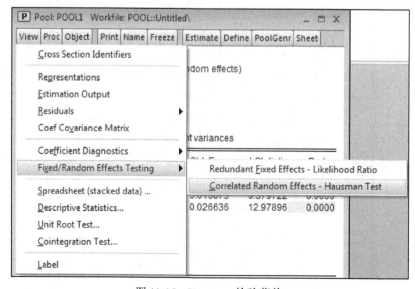

图 11-15　Hausman 检验菜单

弹出 Hausman 检验的结果，如图 11-16 所示。

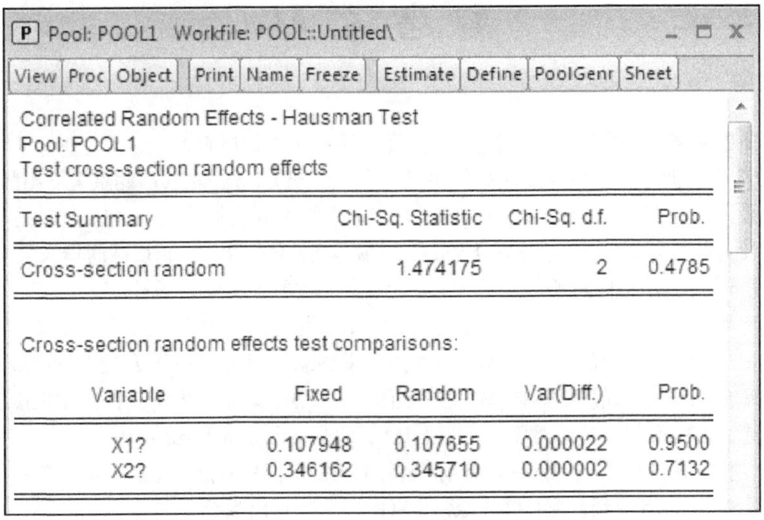
P Pool: POOL1 Workfile: POOL::Untitled\

View | Proc | Object | Print | Name | Freeze | Estimate | Define | PoolGenr | Sheet

Correlated Random Effects - Hausman Test
Pool: POOL1
Test cross-section random effects

Test Summary	Chi-Sq. Statistic	Chi-Sq. d.f.	Prob.
Cross-section random	1.474175	2	0.4785

Cross-section random effects test comparisons:

Variable	Fixed	Random	Var(Diff.)	Prob.
X1?	0.107948	0.107655	0.000022	0.9500
X2?	0.346162	0.345710	0.000002	0.7132

图 11-16 Hausman 检验输出结果

在 Hausman 检验的结果中，统计量的相伴概率 P 为 0.4785 均大于相应的 1%、5%、10%的显著水平，因此无法拒绝随机效应模型中个体影响与解释变量不相关的原假设，应当将模型设定为随机效应模型。

参 考 文 献

白仲林. 2008. 面板数据的计量经济学分析[M]. 天津：南开大学出版社.

陈灯塔. 2012. 应用计量经济学：EViews 高级讲义（上、下册）[M]. 北京：北京大学出版社.

陈强. 2010. 高级计量经济学及 STATA 应用[M]. 北京：高等教育出版社.

高铁梅. 2009. 计量经济分析方法与建模：EViews 应用与实例[M]. 2 版. 北京：清华大学出版社.

格林. 1998. 经济计量分析[M]. 王明舰，等，译. 北京：中国社会科学出版社.

格林. 2011. 经济计量分析（上、下册）[M]. 张成思，译. 北京：中国人民大学出版社.

古扎拉蒂，波特. 2005. 计量经济学基础[M]. 费剑平，译. 4 版. 北京：中国人民大学出版社.

古扎拉蒂，波特. 2011. 计量经济学基础[M]. 费剑平，译. 5 版. 北京：中国人民大学出版社.

靳云汇，金赛男. 2007. 高级计量经济学（上册）[M]. 北京：北京大学出版社.

李嫣怡，刘荣，丁维岱，等. 2013. EViews 统计分析与应用[M]. 修订版. 北京：电子工业出版社.

李子奈，潘文卿. 2010a. 计量经济学[M]. 3 版. 北京：高等教育出版社.

李子奈，潘文卿. 2010b. 计量经济学学习指南与练习[M]. 3 版. 北京：高等教育出版社.

李子奈，叶阿忠. 2000. 高等计量经济学[M]. 北京：清华大学出版社.

李子奈，叶阿忠. 2010. 高级应用计量经济学[M]. 北京：清华大学出版社.

庞浩. 2007. 计量经济学[M]. 北京：科学出版社.

平狄克，鲁宾费尔德. 1999. 计量经济模型与经济预测[M]. 钱小军，等，译. 北京：机械工业出版社.

伍德里奇. 2007. 横截面与面板数据的经济计量分析[M]. 王忠玉，译. 北京：中国人民大学出版社.

伍德里奇. 2010. 计量经济学导论：现代观点[M]. 4 版. 费剑平，译. 北京：中国人民大学出版社.

张晓桐. 2007. 计量经济学基础[M]. 3 版. 天津：南开大学出版社.

Breasch T S，Pagan A R. 1980. The LM test and its applications to model specification in econometrics[J]. Review of Economic Studies，47：239-254.

Hamilton J. 1994. Time Series Analysis[M]. Princeton：Princeton University Press.

Johansen S. 1995. Likelihood-based Inference in Cointegrated Vector Autoregressive Models[M]. Oxford：Oxford University Press.

Stock J，Watson M. 2004. Introduction to Econometrics[M]. 上海：上海财经大学出版社.

White H. 1980. A heteroskedasticity-consistent covariance matrix estimator and a direct test for heteroskedasticity[J]. Econometrica，48：817-838.